Aprende Java con 200 ejercicios resueltos

Kindle Direct Publishing
Paperback edition 2024

Aprende Java con 200 ejercicios resueltos

David Fernández Rodríguez

Nunca podré agradeceros tantas cosas que habéis hecho por mí. Vuestro hijo.

—David Fernández Rodríguez

Índice de contenidos

Prefacio

La importancia creciente de la tecnología en nuestra vida cotidiana hace que mantenerse al día sea esencial para ser competitivo en el ámbito laboral. Este libro proporciona una serie de ejercicios que te permitirán adquirir destreza en el lenguaje de programación Java a tu propio ritmo.

Independientemente de tu punto de partida, avanzarás gradualmente a través de ejercicios de creciente complejidad, llegando finalmente a situaciones prácticas de la vida real. Este libro te guiará en la comprensión de Java. Este libro no es para personas que posean un nivel intermedio o avanzado del lenguaje de programación, aunque siempre pueden utilizarlo para refrescar su conocimiento.

Se incluyen 200 ejercicios concretos para que cualquier persona pueda practicar y familiarizarse con este maravilloso lenguaje de programación. Cada ejercicio cuenta con su solución correspondiente, aunque algunos podrían admitir múltiples soluciones. No obstante, la solución final debe ser uniforme para todos, es decir, el resultado final deberá ser el mismo.

1 Introducción

1.1. Motivación

El mercado laboral cada vez demanda más profesionales con conocimiento y experiencia en el lenguaje de programación Java. Según el índice TIOBE [1] encargado de medir la popularidad de los lenguajes de programación, podemos encontrar a Java como uno de los lenguajes que más ha ido creciendo a lo largo del paso de los años.

En 2024 mantiene su cuarta posición del ranking, una posición bastante notable dado el amplio abanico de lenguajes de programación que existen en la actualidad.

Es importante resaltar que Java ha sido lenguaje del año por dos veces: 2005 y 2015. Otro dato interesante es que este lenguaje de programación alcanzó la primera posición en el año 2020.

Por otro lado, el número de ofertas de trabajo que están pidiendo conocimiento en este lenguaje de programación sigue aumentando día tras día. Realizando una búsqueda a comienzos de febrero de 2024, podemos encontrar en LinkedIn [2] más de 1.379.613 resultados en todo el mundo. Si filtramos por España se pueden observar unos 15.788 resultados.

En cuanto a los salarios, podemos ver diversas ofertas y los rangos son muy dispares pero al mismo tiempo bastante interesantes. Según Kiwi Remoto [3] los rangos salariales de un desarrollador/a Java a fecha de 2024 son los siguientes:

Rango	**Sueldo**
Sueldo medio	38.750€/año
Rango bajo	32.500€/año
Rango alto	45.000€/año

Si consultamos otra fuente como Glassdor [4] encontramos datos similares, aunque como decía anteriormente algo dispares, pero igualmente sueldos bastante interesantes y atractivos.

Rango	**Sueldo**
Sueldo medio	32.000€/año
Rango bajo	25.000€/año
Rango alto	39.000€/año

No hay motivos para decir que no a Java, por tanto: ¡Comencemos!

1.2. ¿Qué necesito para empezar?

En primer lugar lo que se necesita es *motivación*, ya que es la clave absoluta para conseguir un nivel adecuado. Pero, ¿Qué más cosas se necesitan para poder empezar a estudiar este lenguaje de programación?

A continuación, se enumera una lista de cosas que se necesitan de cara a comenzar y son las siguientes:

1. Ordenador
2. Conexión a Internet

1.3. ¿Cómo organizar tu aprendizaje?

Este libro está pensado para que se puedan realizar todos los ejercicios a su propio ritmo. No obstante, cada uno se puede planificar de la mejor manera posible para estudiar cada uno de los capítulos del libro y realizar los ejercicios prácticos.

2 Entorno de desarrollo

2.1. Instalación

Java puede ser instalado en múltiples sistemas operativos como: Windows, Linux o MacOS. Es posible que en el momento que se encuentre instalando Java en su equipo, el método de instalación haya cambiado parcialmente o en su totalidad.

Por ello, se recomienda visitar el siguiente enlace `https://www.eclipse.org/downloads/packages/installer` de cara a obtener más información sobre los métodos de instalación.

En un principio no se debería tener ningún problema con la instalación puesto que son pasos bastante sencillos de seguir y sin complicaciones.

2.2. Creando nuestra primera aplicación

Una vez llegados a este punto se puede proceder con la creación de nuestro primer programa. Por tendencia, siempre que se comienza con un lenguaje de programación nuevo se suele crear una aplicación sencilla que devuelva el siguiente mensaje: *Hola Mundo!!*

Una vez abierto *eclipse* se podrá crear un nuevo proyecto desde el panel izquierdo donde dice: *Create a Java Project*. En la siguiente pantalla, se le dará un nombre a nuestro programa (*firstapp*) y se deshabilitará la opción *Create module-info.java file*.

Por último, se le dará siguiente hasta finalizar con la creación de nuestra aplicación. Dicho esto, ya se tendrá el proyecto vacío.

Acto seguido, se creará el archivo principal que tendrá el código de nuestra aplicación pulsando sobre la carpeta *src* y haciendo clic derecho, seleccionando *New* y por último *Class*.

Este fichero se llamará *Ejercicio* y además de las opciones marcadas por defecto, se marcará la opción que dice: *public static void main*.

Tras realizar los pasos mencionados anteriormente se obtendrá el siguiente resultado:

```
package firstapp;

public class Ejercicio {

  public static void main(String[] args) {
    // TODO Auto-generated method stub

  }

}
```

Para que nuestra aplicación muestre el mensaje *Hola Mundo!!* que se mencionó al comienzo de la sección, se deberá de añadir el siguiente fragmento de código.

```
package firstapp;

public class Ejercicio {

  public static void main(String[] args) {
    System.out.println("Hola Mundo!!");

  }

}
```

Ahora se comprobará que nuestro programa funciona correctamente y nos devolverá el mensaje que se ha modificado anteriormente. Para ello se deberá de pulsar sobre el botón Run.

Finalmente, si todo ha ido bien se recibirá el siguiente mensaje:

```
Hola Mundo!!
```

Es importante recordar que si se desea cambiar su mensaje por otro cualquiera, se deberá de modificar el fichero *Ejercicio.java*. Posteriormente, se deberá de ejecutar el botón *Run* nuevamente.

3 Variables y Operadores

3.1. Ejercicio 1

Escribe un programa el cual muestre la siguiente frase: *Hola David!!*.

Resultado por pantalla

```
Hola David!!
```

Solución

```
package basics;

public class Exercise1 {

  public static void main(String[] args) {
    System.out.println("Hola David!!");
  }

}
```

3.2. Ejercicio 2

Escribe un programa el cual multiplique 2 x 2. Acto seguido, el programa mostrará los resultados usando la función: *System.out.println*.

Resultado por pantalla

```
4
```

Solución

```
package basics;

public class Exercise2 {

  public static void main(String[] args) {
    System.out.println(2 * 2);
  }

}
```

3.3. Ejercicio 3

Mira el siguiente código. ¿Podrías averiguar el resultado esperado?

```
package basics;

public class Exercise3 {

  public static void main(String[] args) {
    int a = 3;
    int b = a;
    int c = 4;
    c = a;

    System.out.println(a);
  }

}
```

Solución

Tras la ejecución del código anterior, el resultado es 3.

3.4. Ejercicio 4

Mira el siguiente código. ¿Podrías averiguar el resultado esperado?

```
package basics;

public class Exercise4 {

  public static void main(String[] args) {
    double a = 3 * 4.5;
    double b = a;
    double c = b / 2;

    System.out.println(c);
  }

}
```

Solución

Tras la ejecución del código anterior, el resultado es 6.75

3.5. Ejercicio 5

Escribe un programa que imprima el tipo de dato de una variable.

Resultado por pantalla

```
Integer
```

Solución

```
package basics;

public class Exercise5 {

  public static void main(String[] args) {
    int prueba = 5;

    System.out.println(((Object) prueba).getClass().
    getSimpleName());
  }

}
```

3.6. Ejercicio 6

Escribe un programa que convierta las siguientes variables en *int*.

```
int a = 75;
String b = "74";
double c = 76.67;
```

Resultado por pantalla

```
75
74
76
```

Solución

```
package basics;

public class Exercise6 {

  public static void main(String[] args) {
    int a = 75;
    String b = "74";
    double c = 76.67;

    int aa = a;
    int bb = Integer.parseInt(b);
    int cc = (int) c;

    System.out.println(aa);
    System.out.println(bb);
    System.out.println(cc);
  }

}
```

3.7. Ejercicio 7

Escribe un programa que convierta las siguientes variables en *double*.

```
int a = 75;
String b = "74";
double c = 76.67;
```

Resultado por pantalla

```
75.0
74.0
76.67
```

Solución

```
package basics;

public class Exercise7 {

  public static void main(String[] args) {
    int a = 75;
    String b = "74";
    double c = 76.67;

    double aa = (double) a;
    double bb = Double.parseDouble(b);
    double cc = c;

    System.out.println(aa);
    System.out.println(bb);
    System.out.println(cc);
  }

}
```

3.8. Ejercicio 8

Escribe un programa que convierta las siguientes variables en *String*.

```
int a = 75;
String b = "74";
double c = 76.67;
```

Resultado por pantalla

```
75
74
76.67
```

Solución

```
package basics;

public class Exercise8 {

  public static void main(String[] args) {
    int a = 75;
    String b = "74";
    double c = 76.67;

    String aa = String.valueOf(a);
    String bb = b;
    String cc = String.valueOf(c);

    System.out.println(aa);
    System.out.println(bb);
    System.out.println(cc);
  }

}
```

3.9. Ejercicio 9

Mira el siguiente código. ¿Podrías averiguar el resultado esperado?

```
package basics;

public class Exercise9 {

  public static void main(String[] args) {
    String texto = "Hello";

    System.out.println(Integer.parseInt(texto));
  }

}
```

Solución

No puede convertir una palabra en un valor entero. Por lo tanto, obtendrá un error.

3.10. Ejercicio 10

Escribe un programa que calcule las siguientes operaciones: *2 + 3, 2 - 3, 2 x 3, 2 / 3, 2 mod 3 y* 2^3.

Resultado por pantalla

```
5
-1
6
0.6666666666666666
2
8.0
```

Solución

```
package basics;

public class Exercise10 {

  public static void main(String[] args) {
    int x = 2;
    int y = 3;

    int addition = x + y;
    int subtraction = x - y;
    int multiplication = x * y;
    double division = (double) x / y;
    int modulus = x % y;
    double exponentiation = Math.pow(x, y);

    System.out.println(addition);
    System.out.println(subtraction);
    System.out.println(multiplication);
    System.out.println(division);
    System.out.println(modulus);
```

```
        System.out.println(exponentiation);
    }

}
```

3.11. Ejercicio 11

Escribe un programa que pida dos números y luego multiplique ambos números para obtener el resultado.

Resultado por pantalla

```
Introduce un primer número:
3
Introduce un primer número:
2
Resultado: 6
```

Solución

```
package basics;

import java.util.Scanner;

public class Exercise11 {

  public static void main(String[] args) {
    Scanner scanner = new Scanner(System.in);

    System.out.println("Introduce un primer número: ");
    int x = scanner.nextInt();

    System.out.println("Introduce un primer número: ");
    int y = scanner.nextInt();

    int result = x * y;

    System.out.println(String.format("Resultado: %s",
    result));

    scanner.close();
```

```
    }
}
```

3.12. Ejercicio 12

Escribe un programa que le pregunte su nombre y luego mostrará la siguiente frase: *Tu nombre es XXXX.*

Resultado por pantalla

```
¿Cuál es tu nombre? Margarita
Tu nombre es Margarita
```

Solución

```
package basics;

import java.util.Scanner;

public class Exercise12 {

  public static void main(String[] args) {
    Scanner scanner = new Scanner(System.in);

    System.out.print("¿Cuál es tu nombre? ");
    String name = scanner.nextLine();

    System.out.println(String.format("Tu nombre es %s",
    name));

    scanner.close();
  }

}
```

3.13. Ejercicio 13

Escribe un programa que devuelva la siguiente frase *Me gusta Java* en mayúsculas.

Resultado por pantalla

```
ME GUSTA JAVA
```

Solución

```
package basics;

public class Exercise13 {

  public static void main(String[] args) {
    String text = "Me gusta Java";

    System.out.println(text.toUpperCase());
  }

}
```

3.14. Ejercicio 14

Escribe un programa que devuelva la siguiente frase *Me gusta Java* en minúsculas.

Resultado por pantalla

```
me gusta java
```

Solución

```
package basics;

public class Exercise14 {

  public static void main(String[] args) {
    String text = "Me gusta Java";

    System.out.println(text.toLowerCase());
  }

}
```

3.15. Ejercicio 15

Escribe un programa que devuelva la posición de la palabra *perro* en la siguiente frase: *Me gustaría tener un perro pero mi padre no quiere tener perros.*

Resultado por pantalla

```
21
```

Solución

```
package basics;

public class Exercise15 {

  public static void main(String[] args) {
    String text = "Me gustaría tener un perro pero mi
    padre no quiere tener perros";

    System.out.println(text.indexOf("perro"));
  }

}
```

3.16. Ejercicio 16

Escribe un programa que reemplace la palabra *Hola* por *Hasta luego* en la siguiente frase: *Hola Bren!*

Resultado por pantalla

```
Hasta luego Bren!
```

Solución

```
package basics;

public class Exercise16 {

  public static void main(String[] args) {
    String sentence = "Hola Bren!";
    sentence = sentence.replace("Hola", "Hasta luego");

    System.out.println(sentence);
  }

}
```

3.17. Ejercicio 17

Escribe un programa que muestre la fecha y la hora actual.

Resultado por pantalla

```
2024-02-04T20:54:42.790257100
```

Solución

```java
package basics;

import java.time.LocalDateTime;

public class Exercise17 {

  public static void main(String[] args) {
    System.out.println(LocalDateTime.now());
  }

}
```

3.18. Ejercicio 18

Escribe un programa que calcule el área de un triángulo. El programa solicitará dos parámetros: *base* y *altura*.

Resultado por pantalla

```
Introduce la base: 3
Introduce la altura: 5
Area: 7.5
```

Solución

```
package basics;

import java.util.Scanner;

public class Exercise18 {

  public static void main(String[] args) {
    Scanner scanner = new Scanner(System.in);

    System.out.print("Introduce la base: ");
    double base = scanner.nextDouble();

    System.out.print("Introduce la altura: ");
    double height = scanner.nextDouble();

    double area = base * height / 2;

    System.out.println(String.format("Area: %s", area));

    scanner.close();
  }

}
```

3.19. Ejercicio 19

Escribe un programa que obtenga el valor absoluto de este número: *-15*.

Resultado por pantalla

```
Número: -15
Valor absoluto: 15
```

Solución

```
package basics;

public class Exercise19 {

  public static void main(String[] args) {
    int number = -15;
    int absolute = Math.abs(number);

    System.out.println(String.format("Número: %d", number)
    );
    System.out.println(String.format("Valor absoluto: %d",
     absolute));
  }

}
```

3.20. Ejercicio 20

Escribe un programa que obtenga la longitud de la siguiente frase: *Hola Mundo!!*.

Resultado por pantalla

```
12
```

Solución

```
package basics;

public class Exercise20 {

  public static void main(String[] args) {
    String text = "Hola Mundo!!";
    int size = text.length();

    System.out.println(size);
  }

}
```

4 Estructuras condicionales

4.1. Ejercicio 1

Escribe un programa que te pregunte tu edad y luego te diga si eres adulto o no.

Resultado por pantalla

```
¿Qué edad tienes? 17
Eres joven.
```

Solución

```
package conditionals;

import java.util.Scanner;

public class Exercise1 {

  public static void main(String[] args) {
    Scanner scanner = new Scanner(System.in);

    System.out.print("¿Qué edad tienes? ");
    int age = scanner.nextInt();

    if (age >= 18) {
      System.out.println("Eres adulto.");
    } else {
      System.out.println("Eres joven.");
```

```
    }

    scanner.close();
  }

}
```

4.2. Ejercicio 2

Escribe un programa que solicite un número y en base a dicho número te dirá el mes al que corresponde.

Resultado por pantalla

```
¿Podrías introducir un número entre el 1-12? 10
Octubre
```

Solución

```
package conditionals;

import java.util.Scanner;

public class Exercise2 {

  public static void main(String[] args) {
    Scanner scanner = new Scanner(System.in);

    System.out.print("¿Podrías introducir un número entre
    el 1-12? ");
    int number = scanner.nextInt();

    if (number == 1) {
      System.out.println("Enero");
    } else if (number == 2) {
      System.out.println("Febrero");
    } else if (number == 3) {
      System.out.println("Marzo");
    } else if (number == 4) {
      System.out.println("Abril");
    } else if (number == 5) {
      System.out.println("Mayo");
    } else if (number == 6) {
```

```
        System.out.println("Junio");
    } else if (number == 7) {
        System.out.println("Julio");
    } else if (number == 8) {
        System.out.println("Agosto");
    } else if (number == 9) {
        System.out.println("Septiembre");
    } else if (number == 10) {
        System.out.println("Octubre");
    } else if (number == 11) {
        System.out.println("Noviembre");
    } else if (number == 12) {
        System.out.println("Diciembre");
    } else {
        System.out.println("Número inválido.");
    }

    scanner.close();
  }
}
```

4.3. Ejercicio 3

Escribe un programa que pida un número. Luego, el programa le dirá si ese número es negativo, positivo o cero.

Resultado por pantalla

```
Introduce un número: -9
Número negativo
```

Solución

```
package conditionals;

import java.util.Scanner;

public class Exercise3 {

  public static void main(String[] args) {
    Scanner scanner = new Scanner(System.in);

    System.out.print("Introduce un número: ");
    int number = scanner.nextInt();

    if (number > 0) {
      System.out.println("Número positivo");
    } else if (number < 0) {
      System.out.println("Número negativo");
    } else {
      System.out.println("Cero");
    }

    scanner.close();
  }

}
```

4.4. Ejercicio 4

Escribe un programa que compare dos usuarios en función de sus edades. El programa debe decirnos quién es el más joven.

Resultado por pantalla

```
Introduce la edad de un usuario: 17
Introduce la edad de otro usuario: 20
El primer usuario es el más joven.
```

Solución

```
package conditionals;

import java.util.Scanner;

public class Exercise4 {

  public static void main(String[] args) {
    Scanner scanner = new Scanner(System.in);

    System.out.print("Introduce la edad de un usuario: ");
    int user1 = scanner.nextInt();

    System.out.print("Introduce la edad de otro usuario: "
    );
    int user2 = scanner.nextInt();

    if (user1 > user2) {
      System.out.println("El segundo usuario es el más
    joven.");
    } else {
      System.out.println("El primer usuario es el más
    joven.");
```

```
        }

        scanner.close();
    }

}
```

4.5. Ejercicio 5

Escribe un programa que compruebe si un número introducido por el usuario es par o impar.

Resultado por pantalla

```
Introduce un número: 15
El número 15 es impar
```

Solución

```
package conditionals;

import java.util.Scanner;

public class Exercise5 {

  public static void main(String[] args) {
    Scanner scanner = new Scanner(System.in);

    System.out.print("Introduce un número: ");
    int number = scanner.nextInt();

    if (number % 2 == 0) {
      System.out.println(String.format("El número %d es
    par", number));
    } else {
      System.out.println(String.format("El número %d es
    impar", number));
    }

    scanner.close();
  }

}
```

4.6. Ejercicio 6

Escribe un programa que nos diga si un carácter introducido por el usuario es una vocal o no.

Resultado por pantalla

```
Introduce una letra: E
La letra E es una vocal
```

Solución

```
package conditionals;

import java.util.Scanner;

public class Exercise6 {

  public static void main(String[] args) {
    Scanner scanner = new Scanner(System.in);

    System.out.print("Introduce una letra: ");
    char character = scanner.next().charAt(0);

    String vowels = "aeiouAEIOU";

    if (vowels.indexOf(character) != -1) {
      System.out.println(String.format("La letra %c es una
      vocal", character));
    } else {
      System.out.println(String.format("La letra %c no es
    una vocal", character));
    }

    scanner.close();
  }
```

```
}
```

4.7. Ejercicio 7

Escribe un programa que reciba la calificación del usuario y muestre la calificación de acuerdo con los siguientes criterios:

Rango	Calificación
>95	A+
>90 and <= 95	A
>80 and <= 90	B
>= 60 and <= 80	C
<60	D

Resultado por pantalla

```
Introduce tu calificación: 96
Tu calificación es: A+
```

Solución

```
package conditionals;

import java.util.Scanner;

public class Exercise7 {

  public static void main(String[] args) {
    Scanner scanner = new Scanner(System.in);

    System.out.print("Introduce tu calificación: ");
    int mark = scanner.nextInt();

    if (mark > 95) {
      System.out.print("Tu calificación es: A+");
```

```
    } else if (mark > 90 && mark <= 95) {
      System.out.print("Tu calificación es: A");
    } else if (mark > 80 && mark <= 90) {
      System.out.print("Tu calificación es: B");
    } else if (mark >= 60 && mark <= 80) {
      System.out.print("Tu calificación es: C");
    } else {
      System.out.print("Tu calificación es: D");
    }

    scanner.close();
  }

}
```

4.8. Ejercicio 8

Escribe un programa que calcule la cantidad neta de acuerdo con los siguientes criterios:

Cantidad (€)	Descuento
>1000	40 %
>100 and <= 1000	15 %
<= 100	5 %

Resultado por pantalla

```
Introduce un importe: 950
Importe neto: 807.500000
```

Solución

```
package conditionals;

import java.util.Scanner;

public class Exercise8 {

  public static void main(String[] args) {
    Scanner scanner = new Scanner(System.in);

    System.out.print("Introduce un importe: ");
    int amount = scanner.nextInt();
    double discount = 0;

    if (amount > 1000) {
      discount = ((double) 40 / 100) * amount;
    } else if (amount > 100 && amount <= 1000) {
      discount = ((double) 15 / 100) * amount;
```

```
    } else {
      discount = ((double) 5 / 100) * amount;
    }

    double total = amount - discount;
    System.out.println(String.format("Importe neto: %f",
    total));

    scanner.close();
  }

}
```

4.9. Ejercicio 9

Escribe un programa que calcule el múltiplo de siete basado en la entrada del usuario.

Resultado por pantalla

```
Introduce un número: 14
14 es múltiplo de 7
```

Solución

```
package conditionals;

import java.util.Scanner;

public class Exercise9 {

  public static void main(String[] args) {
    Scanner scanner = new Scanner(System.in);

    System.out.print("Introduce un número: ");
    int number = scanner.nextInt();

    if (number % 7 == 0) {
      System.out.println(String.format("%d es múltiplo de
    7", number));
    } else {
      System.out.println(String.format("%d no es múltiplo
    de 7", number));
    }

    scanner.close();
  }

}
```

4.10. Ejercicio 10

Escribe un programa que acepte un operador matemático (+, -, * o /) y dos números enteros. Luego, el programa debe calcular el resultado basado en dicho operador.

Resultado por pantalla

```
Introduce un número: 2
Introduce otro número: 3
Introduce un operador: +
Resultado: 5
```

Solución

```
package conditionals;

import java.util.Scanner;

public class Exercise10 {

  public static void main(String[] args) {
    Scanner scanner = new Scanner(System.in);

    System.out.print("Introduce un número: ");
    int number1 = scanner.nextInt();

    System.out.print("Introduce otro número: ");
    int number2 = scanner.nextInt();

    System.out.print("Introduce un operador: ");
    char operator = scanner.next().charAt(0);

    if (operator == '+') {
      System.out.println(String.format("Resultado: %d",
    number1 + number2));
```

```
    } else if (operator == '-') {
      System.out.println(String.format("Resultado: %d",
    number1 - number2));
    } else if (operator == '*') {
      System.out.println(String.format("Resultado: %d",
    number1 * number2));
    } else if (operator == '/') {
      System.out.println(String.format("Resultado: %d",
    number1 / number2));
    } else {
      System.out.println("Operador no válido.");
    }

    scanner.close();
  }

}
```

4.11. Ejercicio 11

¿Podría averiguar cuál es el resultado esperado después de ejecutar el siguiente programa?

```
package conditionals;

public class Exercise11 {

  public static void main(String[] args) {
    int x = 3;

    if (x >= 2) {
      System.out.println("Hello!!");
    } else {
      System.out.println("Bye!");
    }
  }

}
```

Solución

```
Hello!!
```

4.12. Ejercicio 12

¿Podría averiguar cuál es el resultado esperado después de ejecutar el siguiente programa?

```
package conditionals;

public class Exercise12 {

  public static void main(String[] args) {
    int x = -9;
    int y = 9;

    if (x > 0 || y > 0) {
      System.out.println("Secreto 1");
    } else {
      System.out.println("Secreto 2");
    }
  }

}
```

Solución

```
Secreto 1
```

4.13. Ejercicio 13

¿Podría averiguar cuál es el resultado esperado después de ejecutar el siguiente programa?

```
package conditionals;

public class Exercise13 {

  public static void main(String[] args) {
    int x = -9;
    int y = 9;

    if (x > 0 && y > 0) {
      System.out.println("Secreto");
    }
  }

}
```

Solución

No se cumple la condición. Por tanto, no hay nada que mostrar.

4.14. Ejercicio 14

¿Podría averiguar cuál es el resultado esperado después de ejecutar el siguiente programa?

```
package conditionals;

public class Exercise14 {

  public static void main(String[] args) {
    int x = 6;
    int y = -9;

    if (x > 0 || y > 0) {
      x = 10;
      y = y * 2;
    } else {
      y = y / 2;
      x = x * 2;
    }

    if (x >= 10) {
      x = (int) Math.pow(x, 2);
    }

    System.out.println(String.format("%d %d", x, y));
  }

}
```

Solución

```
100 -18
```

4.15. Ejercicio 15

Escribe un programa que acepte un número del 1 al 7 y muestre el nombre del día.

Resultado por pantalla

```
Introduce un número entre el 1-7: 6
Sábado
```

Solución

```
package conditionals;

import java.util.Scanner;

public class Exercise15 {

  public static void main(String[] args) {
    Scanner scanner = new Scanner(System.in);

    System.out.print("Introduce un número entre el 1-7: ")
    ;
    int number = scanner.nextInt();

    if (number == 1) {
      System.out.println("Lunes");
    } else if (number == 2) {
      System.out.println("Martes");
    } else if (number == 3) {
      System.out.println("Miércoles");
    } else if (number == 4) {
      System.out.println("Jueves");
    } else if (number == 5) {
      System.out.println("Viernes");
    } else if (number == 6) {
```

```
      System.out.println("Sábado");
    } else if (number == 7) {
      System.out.println("Domingo");
    } else {
      System.out.println("Número inválido.");
    }

    scanner.close();
  }

}
```

4.16. Ejercicio 16

¿Podría averiguar cuál es el resultado esperado después de ejecutar el siguiente programa?

```
package conditionals;

public class Exercise16 {

  public static void main(String[] args) {
    int x = 86;
    int y = -99;

    if (x % 2 == 0) {
      x = y;
      y = y * 2;
    } else {
      y = x / 2;
      x = x * 2;
    }

    System.out.println(String.format("%d %d", x, y));
  }

}
```

Solución

```
-99 -198
```

4.17. Ejercicio 17

¿Podría averiguar cuál es el resultado esperado después de ejecutar el siguiente programa?

```
package conditionals;

public class Exercise17 {

  public static void main(String[] args) {
    int x = 12;
    int y = 20;
    int z = x * y;

    if (z > 100) {
      System.out.println("Hello!");
    } else {
      System.out.println("Bye!");
    }
  }

}
```

Solución

```
Hello!
```

4.18. Ejercicio 18

¿Podría averiguar cuál es el resultado esperado después de ejecutar el siguiente programa?

```
package conditionals;

public class Exercise18 {

  public static void main(String[] args) {
    int x = -1;

    if (Math.abs(x) == 1) {
      System.out.println("Hello!");
    } else {
      System.out.println("Bye!");
    }
  }

}
```

Solución

```
Hello!
```

4.19. Ejercicio 19

¿Podría averiguar cuál es el resultado esperado después de ejecutar el siguiente programa?

```
package conditionals;

public class Exercise19 {

  public static void main(String[] args) {
    int x = 100;

    if (x >= 0 && x < 100) {
      System.out.println("1 dígito");
    } else if (x >= 10 && x < 100) {
      System.out.println("2 dígitos");
    } else {
      System.out.println("Más de dos dígitos");
    }
  }

}
```

Solución

```
Más de dos dígitos
```

4.20. Ejercicio 20

Escribe un programa que calcule el año bisiesto basado en la entrada del usuario.

Resultado por pantalla

```
Introduce un año: 2021
2021 no es bisiesto
```

Solución

```
package conditionals;

import java.util.Scanner;

public class Exercise20 {

  public static void main(String[] args) {
    Scanner scanner = new Scanner(System.in);

    System.out.print("Introduce un año: ");
    int year = scanner.nextInt();

    if ((year % 4 == 0 && year % 100 != 0) || (year % 400
    == 0)) {
      System.out.println(String.format("%d es bisiesto",
    year));
    } else {
      System.out.println(String.format("%d no es bisiesto"
    , year));
    }

    scanner.close();
  }

}
```

5 Estructuras repetitivas. Bucles

5.1. Ejercicio 1

Escribe un programa que muestre *Hola!!* diez veces.

Resultado por pantalla

```
Hola!!
Hola!!
Hola!!
Hola!!
Hola!!
Hola!!
Hola!!
Hola!!
Hola!!
Hola!!
```

Solución

```
package loops;

public class Exercise1 {

  public static void main(String[] args) {
    for (int i = 0; i <= 9; i++) {
      System.out.println("Hola!!");
    }
  }
```

```
}
```

5.2. Ejercicio 2

Escribe un programa que muestre una tabla de multiplicar basada en la entrada del usuario.

Resultado por pantalla

```
Introduce un número: 6
6 x 1 = 6
6 x 2 = 12
6 x 3 = 18
6 x 4 = 24
6 x 5 = 30
6 x 6 = 36
6 x 7 = 42
6 x 8 = 48
6 x 9 = 54
6 x 10 = 60
```

Solución

```
package loops;

import java.util.Scanner;

public class Exercise2 {

  public static void main(String[] args) {
    Scanner scanner = new Scanner(System.in);

    System.out.print("Introduce un número: ");
    int number = scanner.nextInt();

    for (int i = 1; i <= 10; i++) {
      System.out.println(String.format("%d x %d = %d",
    number, i, number * i));
```

```
        }

        scanner.close();
    }

}
```

5.3. Ejercicio 3

Escribe un programa que muestre la siguiente figura:

```
*
**
***
****
*****
******
*******
********
*********
**********
```

Solución

```
package loops;

public class Exercise3 {

  public static void main(String[] args) {
    for (int i = 1; i <= 10; i++) {
      System.out.println("*".repeat(i));
    }
  }

}
```

5.4. Ejercicio 4

Escribe un programa que muestre la siguiente figura:

```
*****
*****
*****
*****
*****
```

Solución

```
package loops;

public class Exercise4 {

  public static void main(String[] args) {
    for (int i = 1; i <= 5; i++) {
      System.out.println("*".repeat(5));
    }
  }

}
```

5.5. Ejercicio 5

Escribe un programa que muestre la siguiente figura:

```
1
22
333
4444
55555
666666
7777777
88888888
999999999
```

Solución

```
package loops;

public class Exercise5 {

  public static void main(String[] args) {
    for (int i = 1; i <= 9; i++) {
      System.out.println(String.format("%s", String.
    valueOf(i).repeat(i)));
    }
  }

}
```

5.6. Ejercicio 6

Escribe un programa que muestre la siguiente figura:

```
999999999
88888888
7777777
666666
55555
4444
333
22
1
```

Solución

```
package loops;

public class Exercise6 {

  public static void main(String[] args) {
    for (int i = 9; i != 0; i--) {
      System.out.println(String.format("%s", String.
    valueOf(i).repeat(i)));
    }
  }

}
```

5.7. Ejercicio 7

Escribe un programa que busque números primos del 1 al N según la entrada del usuario.

Resultado por pantalla

```
Introduce un número: 50
2 3 5 7 11 13 17 19 23 29 31 37 41 43 47
```

Solución

```
package loops;

import java.util.Scanner;

public class Exercise7 {

  public static void main(String[] args) {
    Scanner scanner = new Scanner(System.in);

    System.out.print("Introduce un número: ");
    int limit = scanner.nextInt();

    for (int number = 1; number <= limit; number++) {
      boolean isPrime = true;

      if (number == 1 || number == 0) {
        isPrime = false;
      }

      for (int x = 2; x < number; x++) {
        if (number % x == 0) {
          isPrime = false;
        }
      }
```

```
      if (isPrime) {
        System.out.print(String.format("%d ", number));
      }
    }

    scanner.close();
  }

}
```

5.8. Ejercicio 8

Escribe un programa que muestre números impares del 1 al 100.

Resultado por pantalla

```
1 3 5 7 9 11 13 15 17 19 21 23 25 27 29 31 33 35 37 39 41
    43 45 47 49 51 53 55 57 59 61 63 65 67 69 71 73 75 77
    79 81 83 85 87 89 91 93 95 97 99
```

Solución

```java
package loops;

public class Exercise8 {

  public static void main(String[] args) {
    for (int i = 1; i <= 100; i++) {
      if (i % 2 == 1) {
        System.out.print(String.format("%d ", i));
      }
    }
  }

}
```

5.9. Ejercicio 9

Escribe un programa que cuente números positivos y negativos. El programa debe dejar de ejecutarse una vez que el usuario introduzca un *0*.

Resultado por pantalla

```
Introduce un número: 10
Introduce un número: 6
Introduce un número: -6
Introduce un número: 1
Introduce un número: 3
Introduce un número: -78
Introduce un número: 0
Números positivos: 4
Números negativos: 2
```

Solución

```java
package loops;

import java.util.Scanner;

public class Exercise9 {

  public static void main(String[] args) {
    Scanner scanner = new Scanner(System.in);

    int positiveNumbers = 0;
    int negativeNumbers = 0;
    int number = 0;

    do {
      System.out.print("Introduce un número: ");
      number = scanner.nextInt();
```

```
      if (number > 0) {
        positiveNumbers = positiveNumbers + 1;
      } else if (number < 0) {
        negativeNumbers = negativeNumbers + 1;
      }
    } while (number != 0);

    System.out.println(String.format("Números positivos: %
    d", positiveNumbers));
    System.out.println(String.format("Números negativos: %
    d", negativeNumbers));

    scanner.close();
  }

}
```

5.10. Ejercicio 10

Escribe un programa que muestre el valor máximo escrito por el usuario. El programa debe dejar de ejecutarse una vez que el usuario introduzca un *0*.

Resultado por pantalla

```
Introduce un número: 100
Introduce un número: 6
Introduce un número: 46
Introduce un número: -164
Introduce un número: 879
Introduce un número: 0
Máximo: 879
```

Solución

```
package loops;

import java.util.Scanner;

public class Exercise10 {

  public static void main(String[] args) {
    Scanner scanner = new Scanner(System.in);

    System.out.print("Introduce un número: ");
    int number = scanner.nextInt();
    int maximum = number;

    while (number != 0) {
      System.out.print("Introduce un número: ");
      number = scanner.nextInt();

      if (number > maximum) {
```

```
            maximum = number;
          }

        }

        System.out.println(String.format("Máximo: %d", maximum
        ));

        scanner.close();
    }

}
```

5.11. Ejercicio 11

Escribe un programa que calcule el factorial de un número dado.

Resultado por pantalla

```
Introduce un número: 6
El factorial de 6 es 720
```

Solución

```
package loops;

import java.util.Scanner;

public class Exercise11 {

  public static void main(String[] args) {
    Scanner scanner = new Scanner(System.in);

    System.out.print("Introduce un número: ");
    int number = scanner.nextInt();
    int factorial = 1;

    if (number < 0) {
      System.out.println("El factorial no existe para nú
    meros negativos");
    } else if (number == 0) {
      System.out.println("El factorial de 0 es 1");
    } else {
      for (int i = 1; i <= number; i++) {
        factorial = factorial * i;
      }
      System.out.println(String.format("El factorial de %d
     es %d", number, factorial));
```

```
        }

        scanner.close();
    }

}
```

5.12. Ejercicio 12

Escribe un programa que calcule la suma de todos los números desde 1 hasta un número dado.

Resultado por pantalla

```
Introduce un número: 10
La suma de todos los números desde el 1 al 10 es 55
```

Solución

```
package loops;

import java.util.Scanner;

public class Exercise12 {

  public static void main(String[] args) {
    Scanner scanner = new Scanner(System.in);

    System.out.print("Introduce un número: ");
    int number = scanner.nextInt();
    int total = 0;

    for (int i = 1; i <= number; i++) {
      total = total + i;
    }

    System.out.println(String.format("La suma de todos los
     números desde el 1 al %d es %d", number, total));

    scanner.close();
  }

}
```

5.13. Ejercicio 13

Escribe un programa que calcule el cubo de todos los números desde 1 hasta un número dado.

Resultado por pantalla

```
Introduce un número: 5
El cubo de 1 es 1
El cubo de 2 es 8
El cubo de 3 es 27
El cubo de 4 es 64
El cubo de 5 es 125
```

Solución

```java
package loops;

import java.util.Scanner;

public class Exercise13 {

  public static void main(String[] args) {
    Scanner scanner = new Scanner(System.in);

    System.out.print("Introduce un número: ");
    int number = scanner.nextInt();

    for (int i = 1; i <= number; i++) {
      int resultado = (int) Math.pow(i, 3);
      System.out.println(String.format("El cubo de %d es %
    d", i, resultado));
    }

    scanner.close();
  }
```

```
}
```

5.14. Ejercicio 14

Escribe un programa que calcule el total de vocales de la siguiente frase: *My name is David.*

Resultado por pantalla

```
Número de vocales en el texto: 5
```

Solución

```
package loops;

public class Exercise14 {

  public static void main(String[] args) {
    String sentence = "My name is David";
    String vowels = "aeiouAEIOU";
    int total = 0;

    for (int i = 0; i < sentence.length(); i++) {
      if (vowels.indexOf(sentence.charAt(i)) != -1) {
        total = total + 1;
      }
    }

    System.out.println(String.format("Número de vocales en
     el texto: %d", total));
  }

}
```

5.15. Ejercicio 15

Escribe un programa que calcule el total de palabras de la siguiente frase: *Esto es un ejemplo.*

Resultado por pantalla

```
Total palabras: 4
```

Solución

```
package loops;

public class Exercise15 {

  public static void main(String[] args) {
    String sentence = "Esto es un ejemplo";
    String words[] = sentence.split(" ");
    int total = 0;

    for (int i = 0; i < words.length; i++) {
      total = total + 1;
    }

    System.out.println(String.format("Total palabras: %d",
     total));
  }

}
```

5.16. Ejercicio 16

Escribe un programa que calcule cuántas veces aparece la palabra *Hello* en la siguiente frase: *Hello Bren, I'm here. Hello Steve! Goodbye!*.

Resultado por pantalla

```
Total: 2
```

Solución

```
package loops;

public class Exercise16 {

  public static void main(String[] args) {
    String sentence = "Hello Bren, I'm here. Hello Steve!
    Goodbye!";
    String words[] = sentence.split(" ");
    int total = 0;

    for (int i = 0; i < words.length; i++) {
      if ("Hello".equals(words[i])) {
        total = total + 1;
      }
    }

    System.out.println(String.format("Total: %d", total));
  }

}
```

5.17. Ejercicio 17

Escribe un programa que muestre los números desde el -5 al -1.

Resultado por pantalla

```
-5
-4
-3
-2
-1
```

Solución

```
package loops;

public class Exercise17 {

  public static void main(String[] args) {
    for (int i = -5; i <= -1; i++) {
      System.out.println(i);
    }
  }

}
```

5.18. Ejercicio 18

Escribe un programa que muestre la serie de Fibonacci hasta los primeros 15 términos.

Resultado por pantalla

```
0  1  1  2  3  5  8  13  21  34  55  89  144  233  377
```

Solución

```
package loops;

public class Exercise18 {

  public static void main(String[] args) {
    int number1 = 0;
    int number2 = 1;

    for (int i = 1; i <= 15; i++) {
      System.out.print(String.format("%d   ", number1));
      int res = number1 + number2;
      number1 = number2;
      number2 = res;
    }
  }

}
```

5.19. Ejercicio 19

Escribe un programa que muestre la siguiente figura:

```
*
**
***
****
*****
******
*******
********
*********
**********
**********
*********
********
*******
******
*****
****
***
**
*
```

Solución

```java
package loops;

public class Exercise19 {

  public static void main(String[] args) {
    for (int i = 1; i <= 10; i++) {
      System.out.println("*".repeat(i));
    }
    for (int i = 10; i != 0; i--) {
      System.out.println("*".repeat(i));
    }
```

```
    }
}
```

5.20. Ejercicio 20

¿Podrías averiguar el resultado sin ejecutar el siguiente código?

```
package loops;

public class Exercise20 {

  public static void main(String[] args) {
    for (int i = 0; i < 10; i++) {
      if (i == 6) {
        break;
      }
      System.out.println(i);
    }
  }

}
```

Solución

```
0
1
2
3
4
5
```

6 Estructuras de datos. Arrays

6.1. Ejercicio 1

Escribe un programa que declare un *array* de tamaño 3. Este array será de tipo *int*. Asigne un valor a cada posición.

Solución

```
package arrays;

public class Exercise1 {

  public static void main(String[] args) {
    int example[] = new int[3];
    example[0] = 5;
    example[1] = 3;
    example[2] = 10;
  }

}
```

6.2. Ejercicio 2

Escribe un programa que declare e inicialice un *array* con los siguientes valores por defecto: *Red, Yellow* y *Green*.

Solución

```
package arrays;

public class Exercise2 {

  public static void main(String[] args) {
    String colors[] = { "Red", "Yellow", "Green" };
  }

}
```

6.3. Ejercicio 3

Escribe un programa que dado el ejercicio anterior muestre por pantalla cada uno de los valores del *array* accediendo a cada posición.

Resultado por pantalla

```
Red
Yellow
Green
```

Solución

```
package arrays;

public class Exercise3 {

  public static void main(String[] args) {
    String colors[] = { "Red", "Yellow", "Green" };
    System.out.println(colors[0]);
    System.out.println(colors[1]);
    System.out.println(colors[2]);
  }

}
```

6.4. Ejercicio 4

Escribe un programa que muestre por pantalla los valores de un *array* cualquiera de forma automática, es decir, haciendo uso de bucles.

Resultado por pantalla

```
Posición: 0 --> Red
Posición: 1 --> Yellow
Posición: 2 --> Green
```

Solución

```
package arrays;

public class Exercise4 {

  public static void main(String[] args) {
    String colors[] = { "Red", "Yellow", "Green" };

    for (int i = 0; i < colors.length; i++) {
      System.out.println(String.format("Posición: %d --> %
    s", i, colors[i]));
    }
  }

}
```

6.5. Ejercicio 5

¿Podrías averiguar el resultado sin ejecutar el siguiente código?

```
package arrays;

public class Exercise5 {

  public static void main(String[] args) {
    int example[] = new int[3];
    example[0] = 5;
    example[1] = 3;
    example[2] = 10;
    example[3] = 5;
  }

}
```

Solución

El programa no funcionará porque se intenta acceder a una posición que no existe. Tenga en cuenta que siempre se empieza en la posición 0 y se termina en N - 1. Por lo tanto, la última asignación es incorrecta.

6.6. Ejercicio 6

Escribe un programa que solicite al usuario números enteros un total de tres veces. Los números facilitados por el usuario deberán ser guardados en un *array*.

Resultado por pantalla

```
Introduce un número: 10
Introduce un número: 20
Introduce un número: 30
10
20
30
```

Solución

```
package arrays;

import java.util.Scanner;

public class Exercise6 {

  public static void main(String[] args) {
    Scanner scanner = new Scanner(System.in);
    int numbers[] = new int[3];

    for (int i = 0; i < 3; i++) {
      System.out.print("Introduce un número: ");
      int number = scanner.nextInt();
      numbers[i] = number;
    }

    scanner.close();

    // Comprobamos los valores introducidos previamente
```

```
        System.out.println(numbers[0]);
        System.out.println(numbers[1]);
        System.out.println(numbers[2]);
    }

}
```

6.7. Ejercicio 7

Escribe un programa que almacene la siguiente matriz en un *array*.

$$\begin{pmatrix} 1 & 2 \\ 3 & 4 \end{pmatrix}$$

Solución

```
package arrays;

public class Exercise7 {

  public static void main(String[] args) {
    int matrix[][] = new int[2][2];

    matrix[0][0] = 1;
    matrix[0][1] = 2;
    matrix[1][0] = 3;
    matrix[1][1] = 4;
  }

}
```

6.8. Ejercicio 8

Escribe un programa que lea la matriz del ejercicio anterior haciendo uso de bucles.

$$\begin{pmatrix} 1 & 2 \\ 3 & 4 \end{pmatrix}$$

Resultado por pantalla

```
1 2
3 4
```

Solución

```
package arrays;

public class Exercise8 {

  public static void main(String[] args) {
    int matrix[][] = new int[2][2];

    matrix[0][0] = 1;
    matrix[0][1] = 2;
    matrix[1][0] = 3;
    matrix[1][1] = 4;

    for (int row = 0; row < 2; row++) {
      for (int column = 0; column < 2; column++) {
        System.out.print(String.format("%d ", matrix[row][
    column]));
      }
      System.out.println();
    }
  }

}
```

6.9. Ejercicio 9

Escribe un programa que cree la siguiente matriz identidad.

$$\begin{pmatrix} 1 & 0 & 0 \\ 0 & 1 & 0 \\ 0 & 0 & 1 \end{pmatrix}$$

Resultado por pantalla

```
1 0 0
0 1 0
0 0 1
```

Solución

```
package arrays;

public class Exercise9 {

  public static void main(String[] args) {
    int matrix[][] = new int[3][3];

    matrix[0][0] = 1;
    matrix[0][1] = 0;
    matrix[0][2] = 0;
    matrix[1][0] = 0;
    matrix[1][1] = 1;
    matrix[1][2] = 0;
    matrix[2][0] = 0;
    matrix[2][1] = 0;
    matrix[2][2] = 1;

    for (int row = 0; row < 3; row++) {
      for (int column = 0; column < 3; column++) {
```

```
            System.out.print(String.format("%d ", matrix[row][
        column]));
            }
            System.out.println();
        }
    }

}
```

6.10. Ejercicio 10

Escribe un programa que multiplique la matriz identidad anterior por cinco.

$$\begin{pmatrix} 1 & 0 & 0 \\ 0 & 1 & 0 \\ 0 & 0 & 1 \end{pmatrix}$$

Resultado por pantalla

```
5 0 0
0 5 0
0 0 5
```

Solución

```
package arrays;

public class Exercise10 {

  public static void main(String[] args) {
    int matrix[][] = new int[3][3];

    matrix[0][0] = 1;
    matrix[0][1] = 0;
    matrix[0][2] = 0;
    matrix[1][0] = 0;
    matrix[1][1] = 1;
    matrix[1][2] = 0;
    matrix[2][0] = 0;
    matrix[2][1] = 0;
    matrix[2][2] = 1;

    for (int row = 0; row < 3; row++) {
      for (int column = 0; column < 3; column++) {
```

```
                System.out.print(String.format("%d ", matrix[row][
            column] * 5));
            }
            System.out.println();
        }
    }

}
```

6.11. Ejercicio 11

¿Podrías averiguar el resultado sin ejecutar el siguiente código?

```
package arrays;

public class Exercise11 {

  public static void main(String[] args) {
    int matrix[][] = { { 1, 0, 0 }, { 0, 1, 0 }, { 0, 0, 1
     } };

    for (int row = 0; row < 3; row++) {
      for (int column = 0; column < 3; column++) {
        System.out.print(String.format("%d ", matrix[row][
    column]));
      }
      System.out.println();
    }
  }

}
```

Solución

El resultado tras la ejecución del programa es la matriz identidad. El ejercicio muestra otra forma de asignar valores a una matriz directamente sin necesidad de ir posición a posición.

$$\begin{pmatrix} 1 & 0 & 0 \\ 0 & 1 & 0 \\ 0 & 0 & 1 \end{pmatrix}$$

6.12. Ejercicio 12

¿Podrías averiguar el resultado sin ejecutar el siguiente código?

```
package arrays;

public class Exercise12 {

  public static void main(String[] args) {
    String names[] = { "Margarita", "Marina" };

    for (String name : names) {
      System.out.println(name);
    }
  }

}
```

Solución

El resultado tras la ejecución del programa es Margarita y Marina. El bucle itera a través del array para mostrar cada nombre.

6.13. Ejercicio 13

¿Podrías averiguar el resultado sin ejecutar el siguiente código?

```
package arrays;

public class Exercise13 {

  public static void main(String[] args) {
    String names[] = { "Margarita", "Marina", "Carla" };

    for (int i = 0; i < names.length; i++) {
      if (i == 1) {
        break;
      }
      System.out.println(names[i]);
    }
  }

}
```

Solución

El resultado tras la ejecución del programa es Margarita. El bucle itera a través del *array* pero al llegar a la posición 1, satisface la condición del *if* y el *break* hace que salga del bucle sin imprimir el resultado por pantalla.

6.14. Ejercicio 14

¿Podrías averiguar el resultado sin ejecutar el siguiente código?

```
package arrays;

public class Exercise14 {

  public static void main(String[] args) {
    String names[] = { "Margarita", "Marina", "Carla" };

    for (int i = 0; i < names.length; i++) {
      if (i == 1) {
        continue;
      }
      System.out.println(names[i]);
    }
  }

}
```

Solución

El resultado tras la ejecución del programa es Margarita y Carla. El bucle itera a través del *array* pero al llegar a la posición 1, satisface la condición del *if* y el *continue* hace que se salte dicha iteración, pero sin salirse del bucle.

6.15. Ejercicio 15

Escribe un programa que dada la siguiente matriz encuentre el número máximo dentro de la matriz y muestre la posición donde se encuentra.

$$\begin{pmatrix} 1 & 50 & 46 \\ 10 & 1 & 22 \\ 11 & 23 & 1 \end{pmatrix}$$

Resultado por pantalla

```
Máximo encontrado: 50 posición[0][1]
```

Solución

```
package arrays;

public class Exercise15 {

  public static void main(String[] args) {
    int matrix[][] = { { 1, 50, 46 }, { 10, 1, 22 }, { 11,
     23, 1 } };
    int max = matrix[0][0];
    int posRow = 0;
    int posCol = 0;

    for (int row = 0; row < 3; row++) {
      for (int column = 0; column < 3; column++) {
        if (matrix[row][column] > max) {
          max = matrix[row][column];
          posRow = row;
          posCol = column;
        }
      }
    }
```

```
        System.out.println(String.format("Máximo encontrado: %
        d posición[%d][%d]", max, posRow, posCol));
    }

}
```

6.16. Ejercicio 16

Escribe un programa que dada la siguiente matriz encuentre el número mínimo dentro de la matriz y muestre la posición donde se encuentra.

$$\begin{pmatrix} 1 & 50 & 46 \\ 10 & 1 & 22 \\ 11 & 23 & 1 \end{pmatrix}$$

Resultado por pantalla

```
Mínimo encontrado: 1 posición[0][0]
```

Solución

```
package arrays;

public class Exercise16 {

  public static void main(String[] args) {
    int matrix[][] = { { 1, 50, 46 }, { 10, 1, 22 }, { 11,
     23, 1 } };
    int min = matrix[0][0];
    int posRow = 0;
    int posCol = 0;

    for (int row = 0; row < 3; row++) {
      for (int column = 0; column < 3; column++) {
        if (matrix[row][column] < min) {
          min = matrix[row][column];
          posRow = row;
          posCol = column;
        }
      }
    }
```

```
        System.out.println(String.format("Mínimo encontrado: %
        d posición[%d][%d]", min, posRow, posCol));
    }

}
```

6.17. Ejercicio 17

Escribe un programa que dada la siguiente matriz modifique la primera fila con el valor 7. Acto seguido, deberá mostrar la matriz.

$$\begin{pmatrix} 1 & 50 & 46 \\ 10 & 1 & 22 \\ 11 & 23 & 1 \end{pmatrix}$$

Resultado por pantalla

```
7 7 7
10 1 22
11 23 1
```

Solución

```
package arrays;

public class Exercise17 {

  public static void main(String[] args) {
    int matrix[][] = { { 1, 50, 46 }, { 10, 1, 22 }, { 11,
     23, 1 } };

    for (int row = 0; row < 3; row++) {
      for (int column = 0; column < 3; column++) {
        if (row == 0) {
          matrix[row][column] = 7;
        }
      }
    }

    for (int row = 0; row < 3; row++) {
      for (int column = 0; column < 3; column++) {
```

```
        System.out.print(String.format("%d ", matrix[row][
    column]));
      }
      System.out.println();
    }
  }

}
```

6.18. Ejercicio 18

Escribe un programa que dada la siguiente matriz cuente cuantos números pares hay en dicha matriz.

$$\begin{pmatrix} 1 & 50 & 46 \\ 10 & 1 & 22 \\ 11 & 23 & 1 \end{pmatrix}$$

Resultado por pantalla

```
Total: 4
```

Solución

```
package arrays;

public class Exercise18 {

  public static void main(String[] args) {
    int matrix[][] = { { 1, 50, 46 }, { 10, 1, 22 }, { 11,
     23, 1 } };
    int total = 0;

    for (int row = 0; row < 3; row++) {
      for (int column = 0; column < 3; column++) {
        if (matrix[row][column] % 2 == 0) {
          total = total + 1;
        }
      }
    }

    System.out.print(String.format("Total: %d", total));
  }

}
```

6.19. Ejercicio 19

Escribe un programa que dada la siguiente matriz reemplace los números impares por cero.

$$\begin{pmatrix} 1 & 50 & 46 \\ 10 & 1 & 22 \\ 11 & 23 & 1 \end{pmatrix}$$

Resultado por pantalla

```
0 50 46
10 0 22
0 0 0
```

Solución

```
package arrays;

public class Exercise19 {

  public static void main(String[] args) {
    int matrix[][] = { { 1, 50, 46 }, { 10, 1, 22 }, { 11,
      23, 1 } };

    for (int row = 0; row < 3; row++) {
      for (int column = 0; column < 3; column++) {
        if (matrix[row][column] % 2 != 0) {
          matrix[row][column] = 0;
        }
      }
    }

    for (int row = 0; row < 3; row++) {
      for (int column = 0; column < 3; column++) {
```

```
            System.out.print(String.format("%d ", matrix[row][
        column]));
          }
          System.out.println();
        }
    }

}
```

6.20. Ejercicio 20

¿Podrías averiguar el resultado sin ejecutar el siguiente código?

```
package arrays;

public class Exercise20 {

  public static void main(String[] args) {
    int matrix[][] = new int[2][3];

    System.out.println(matrix.length);
    System.out.println(matrix[0].length);
  }

}
```

Solución

El resultado tras la ejecución del programa es mostrar el número de filas que tiene dicha matriz utilizando *matrix.length.* Por último, muestra el número de columnas que tiene mediante la siguiente expresión: *matrix[0].length.*

En resumen, el programa indica que el número de filas es igual a 2 y el número de columnas es igual a 3.

7 Estructuras de datos. Listas

7.1. Ejercicio 1

Escribe un programa que lea una lista con los siguientes elementos: *[coche, autobús, camión, helicóptero]*. Finalmente, muestre el siguiente mensaje: *El vehículo de la posición X es un Y*.

Resultado por pantalla

```
El vehículo de la posición 0 es un coche
El vehículo de la posición 1 es un autobús
El vehículo de la posición 2 es un camión
El vehículo de la posición 3 es un helicóptero
```

Solución

```
package lists;

import java.util.Arrays;
import java.util.List;

public class Exercise1 {

  public static void main(String[] args) {
    List<String> vehicles = Arrays.asList("coche", "autobú
    s", "camión", "helicóptero");

    for (int i = 0; i < vehicles.size(); i++) {
```

```
        System.out.println(String.format("El vehículo de la
    posición %d es un %s", i, vehicles.get(i)));
    }
  }

}
```

7.2. Ejercicio 2

Escribe un programa que sume todos los elementos de esta lista: *[12, 131, 1, 45]*.

Resultado por pantalla

```
Resultado: 189
```

Solución

```
package lists;

import java.util.Arrays;
import java.util.List;

public class Exercise2a {

  public static void main(String[] args) {
    List<Integer> numbers = Arrays.asList(12, 131, 1, 45);
    Integer result = 0;

    for (int i = 0; i < numbers.size(); i++) {
      result = result + numbers.get(i);
    }

    System.out.println(String.format("Resultado: %d",
    result));
  }

}
```

Solución con Stream

```
package lists;

import java.util.Arrays;
import java.util.List;

public class Exercise2b {

  public static void main(String[] args) {
    List<Integer> numbers = Arrays.asList(12, 131, 1, 45);
    Integer result = numbers.stream().reduce(0, Integer::
    sum);

    System.out.println(String.format("Resultado: %d",
    result));
  }

}
```

7.3. Ejercicio 3

Escribe un programa que obtenga el máximo valor de esta lista: *[12, 131, 1, 45]*.

Resultado por pantalla

```
Máximo: 131
```

Solución

```
package lists;

import java.util.Arrays;
import java.util.List;
import java.util.NoSuchElementException;

public class Exercise3 {

  public static void main(String[] args) {
    List<Integer> numbers = Arrays.asList(12, 131, 1, 45);
    Integer max = numbers.stream().mapToInt(v -> v).max().
    orElseThrow(NoSuchElementException::new);

    System.out.println(String.format("Máximo: %d", max));
  }

}
```

7.4. Ejercicio 4

Escribe un programa que obtenga el mínimo valor de esta lista: *[12, 131, 1, 45]*.

Resultado por pantalla

```
Mínimo: 1
```

Solución

```
package lists;

import java.util.Arrays;
import java.util.List;
import java.util.NoSuchElementException;

public class Exercise4 {

  public static void main(String[] args) {
    List<Integer> numbers = Arrays.asList(12, 131, 1, 45);
    Integer min = numbers.stream().mapToInt(v -> v).min().
    orElseThrow(NoSuchElementException::new);

    System.out.println(String.format("Mínimo: %d", min));
  }

}
```

7.5. Ejercicio 5

Escribe un programa que elimine los duplicados de la siguiente lista: *[12, 131, 1, 45, 1, 45, 12]*.

Resultado por pantalla

```
Lista sin duplicados: [1, 131, 12, 45]
```

Solución

```
package lists;

import java.util.ArrayList;
import java.util.Arrays;
import java.util.HashSet;
import java.util.List;

public class Exercise5 {

  public static void main(String[] args) {
    List<Integer> numbers = Arrays.asList(12, 131, 1, 45,
    1, 45, 12);
    List<Integer> numbersWithoutDuplicates = new ArrayList
    <>(new HashSet<>(numbers));

    System.out.println(String.format("Lista sin duplicados
    : %s", numbersWithoutDuplicates));
  }

}
```

7.6. Ejercicio 6

Escribe un programa que convierta la siguiente lista *[Hello, my, friend!!]* en *Hello my friend!!.*

Resultado por pantalla

```
Hello my friend!!
```

Solución

```
package lists;

import java.util.Arrays;
import java.util.List;

public class Exercise6 {

  public static void main(String[] args) {
    List<String> words = Arrays.asList("Hello", "my", "
    friend!!");
    String sentence = String.join(" ", words);

    System.out.println(sentence);
  }

}
```

7.7. Ejercicio 7

Escribe un programa que obtenga un número al azar de la siguiente lista: *[14, 48, 5, 6, 78, 26]*.

Resultado por pantalla

```
Número aleatorio: 5
```

Solución

```
package lists;

import java.util.Arrays;
import java.util.List;
import java.util.Random;

public class Exercise7 {

  public static void main(String[] args) {
    List<Integer> numbers = Arrays.asList(14, 48, 5, 6,
    78, 26);
    Random random = new Random();

    int randomNumber = numbers.get(random.nextInt(numbers.
    size()));

    System.out.println(String.format("Número aleatorio: %d
    ", randomNumber));
  }

}
```

7.8. Ejercicio 8

Escribe un programa que obtenga una lista con las palabras que tienen más de 5 caracteres de la siguiente lista de palabras: *[Dogs, Helicopter, Cats, Houses]*.

Resultado por pantalla

```
Resultado: [Helicopter, Houses]
```

Solución

```
package lists;

import java.util.ArrayList;
import java.util.Arrays;
import java.util.List;

public class Exercise8 {

  public static void main(String[] args) {
    List<String> words = Arrays.asList("Dogs", "Helicopter
    ", "Cats", "Houses");
    List<String> wordsFiltered = new ArrayList<>();

    for (String word : words) {
      if (word.length() >= 5) {
        wordsFiltered.add(word);
      }
    }

    System.out.println(String.format("Resultado: %s",
    wordsFiltered));
  }

}
```

7.9. Ejercicio 9

Escribe un programa que calcule el promedio de la siguiente lista de números: *[25, 60, 30]*.

Resultado por pantalla

```
La media es 38.333333333333336
```

Solución

```
package lists;

import java.util.Arrays;
import java.util.List;

public class Exercise9 {

  public static void main(String[] args) {
    List<Integer> numbers = Arrays.asList(25, 60, 30);
    Integer sum = numbers.stream().reduce(0, Integer::sum)
    ;
    Double average = sum / (double) numbers.size();

    System.out.println(String.format("La media es %s",
    average));
  }

}
```

7.10. Ejercicio 10

Escribe un programa que reemplace cada valor por su valor cúbico en la siguiente lista: *[1, 2, 3, 4, 5]*.

Resultado por pantalla

```
[1, 8, 27, 64, 125]
```

Solución

```
package lists;

import java.util.Arrays;
import java.util.List;

public class Exercise10 {

  public static void main(String[] args) {
    List<Integer> numbers = Arrays.asList(1, 2, 3, 4, 5);

    for (int i = 0; i < numbers.size(); i++) {
      numbers.set(i, (int) Math.pow(numbers.get(i), 3));
    }

    System.out.println(numbers);
  }

}
```

7.11. Ejercicio 11

Escribe un programa que obtenga la lista inversa sobre la siguiente lista: *[1, 2, 3, 4, 5]*.

Resultado por pantalla

```
[5, 4, 3, 2, 1]
```

Solución

```
package lists;

import java.util.Arrays;
import java.util.Collections;
import java.util.List;

public class Exercise11 {

  public static void main(String[] args) {
    List<Integer> numbers = Arrays.asList(1, 2, 3, 4, 5);
    Collections.reverse(numbers);

    System.out.println(numbers);
  }

}
```

7.12. Ejercicio 12

Escribe un programa que cuente cuantas veces aparece el color *Rojo* en la siguiente lista: *[Rojo, Blanco, Azul, Rojo, Negro]*.

Resultado por pantalla

```
El color Rojo aparece 2 veces
```

Solución

```
package lists;

import java.util.Arrays;
import java.util.List;

public class Exercise12 {

  public static void main(String[] args) {
    List<String> colours = Arrays.asList("Rojo", "Blanco",
     "Azul", "Rojo", "Negro");
    Integer total = 0;

    for (String colour : colours) {
      if (colour.equals("Rojo")) {
        total = total + 1;
      }
    }

    System.out.println(String.format("El color Rojo
    aparece %d veces", total));
  }

}
```

7.13. Ejercicio 13

Escribe un programa que elimine todas las apariciones de un elemento específico de una lista. Ejemplo: Eliminar 2 de *[1, 2, 3, 4, 5, 2, 6, 2]*.

Nota: Debe utilizar Stream para este ejercicio.

Resultado por pantalla

```
Resultado: [1, 3, 4, 5, 6]
```

Solución

```
package lists;

import java.util.Arrays;
import java.util.List;
import java.util.stream.Collectors;

public class Exercise13 {

  public static void main(String[] args) {
    List<Integer> numbers = Arrays.asList(1, 2, 3, 4, 5,
    2, 6, 2);
    Integer numberToRemove = 2;

    List<Integer> numbersFiltered = numbers.stream().
    filter(x -> x != numberToRemove).collect(Collectors.
    toList());

    System.out.println(String.format("Resultado: %s",
    numbersFiltered));
  }

}
```

7.14. Ejercicio 14

Escribe un programa que itere a través de una cadena. El programa debe convertir *Hello* en *[H, e, l, l, o]*.

Nota: Debe utilizar Stream para este ejercicio.

Resultado por pantalla

```
[H, e, l, l, o]
```

Solución

```
package lists;

import java.util.List;
import java.util.stream.Collectors;

public class Exercise14 {

  public static void main(String[] args) {
    String word = "Hello";
    List<Character> characters = word.chars().mapToObj(x
    -> (char) x).collect(Collectors.toList());

    System.out.println(characters);
  }

}
```

7.15. Ejercicio 15

Escribe un programa que calcule números pares del 1 al 100 y los almacene en una lista.

Nota: Debe utilizar Stream para este ejercicio.

Resultado por pantalla

```
[2, 4, 6, 8, 10, 12, 14, 16, 18, 20, 22, 24, 26, 28, 30,
    32, 34, 36, 38, 40, 42, 44, 46, 48, 50, 52, 54, 56,
    58, 60, 62, 64, 66, 68, 70, 72, 74, 76, 78, 80, 82,
    84, 86, 88, 90, 92, 94, 96, 98, 100]
```

Solución

```
package lists;

import java.util.List;
import java.util.stream.Collectors;
import java.util.stream.IntStream;

public class Exercise15 {

  public static void main(String[] args) {
    List<Integer> numbers = IntStream.range(1, 101).filter
    (x -> x % 2 == 0).boxed().collect(Collectors.toList())
    ;

    System.out.println(numbers);
  }

}
```

7.16. Ejercicio 16

Escribe un programa que convierta una lista de nombres a mayúsculas. Ejemplo: *[manzana, cereza, kiwi, mango]*

Nota: Debe utilizar Stream para este ejercicio.

Resultado por pantalla

```
[MANZANA, CEREZA, KIWI, MANGO]
```

Solución

```
package lists;

import java.util.Arrays;
import java.util.List;
import java.util.stream.Collectors;

public class Exercise16 {

  public static void main(String[] args) {
    List<String> fruits = Arrays.asList("manzana", "cereza
    ", "kiwi", "mango");
    List<String> newFruits = fruits.stream().map(String::
    toUpperCase).collect(Collectors.toList());

    System.out.println(newFruits);
  }

}
```

7.17. Ejercicio 17

Escribe un programa que genere una lista de números cuadrados del 1 al 20.

Nota: Debe utilizar Stream para este ejercicio.

Resultado por pantalla

```
[1, 4, 9, 16, 25, 36, 49, 64, 81, 100, 121, 144, 169, 196,
    225, 256, 289, 324, 361, 400]
```

Solución

```java
package lists;

import java.util.List;
import java.util.stream.Collectors;
import java.util.stream.IntStream;

public class Exercise17 {

  public static void main(String[] args) {
    List<Integer> squareNumbers = IntStream.range(1, 21).
    boxed().map(x -> x * x).collect(Collectors.toList());

    System.out.println(squareNumbers);
  }

}
```

7.18. Ejercicio 18

Escribe un programa que elimine las cadenas vacías de la siguiente lista de cadenas: *[Hello, , my, , friend!!]*

Nota: Debe utilizar Stream para este ejercicio.

Resultado por pantalla

```
Lista original: [Hello, , my, , friend!!]
Lista nueva: [Hello, my, friend!!]
```

Solución

```
package lists;

import java.util.Arrays;
import java.util.List;
import java.util.stream.Collectors;

public class Exercise18 {

  public static void main(String[] args) {
    List<String> words = Arrays.asList("Hello", "", "my",
    "", "friend!!");
    List<String> wordsFiltered = words.stream().filter(x
    -> !x.equals("")).collect(Collectors.toList());

    System.out.println(String.format("Lista original: %s",
     words));
    System.out.println(String.format("Lista nueva: %s",
    wordsFiltered));
  }

}
```

7.19. Ejercicio 19

¿Cuál es el resultado esperado después de ejecutar el siguiente código?

```
package lists;

import java.util.Arrays;
import java.util.List;

public class Exercise19 {

  public static void main(String[] args) {
    List<String> fruits = Arrays.asList("pera", "naranja",
      "manzana", "uva", "manzana", "pera");

    System.out.println(fruits.indexOf("manzana"));
    System.out.println(fruits.indexOf("pera"));
  }

}
```

Solución

```
2
0
```

7.20. Ejercicio 20

¿Cuál es el resultado esperado después de ejecutar el siguiente código?

```
package lists;

import java.util.ArrayList;
import java.util.Arrays;
import java.util.List;

public class Exercise20 {

  public static void main(String[] args) {
    List<String> list1 = Arrays.asList("pera", "naranja",
    "manzana");
    List<String> list2 = Arrays.asList("uva", "manzana", "
    pera");
    List<String> list3 = new ArrayList<>();

    list3.addAll(list1);
    list3.removeAll(list2);

    System.out.println(list3);
  }

}
```

Solución

```
[naranja]
```

8 Estructuras de datos. Conjuntos

8.1. Ejercicio 1

Escribe un programa que lea un conjunto con los siguientes elementos: *{coche, autobús, camión, helicóptero}* y muestre el siguiente mensaje: *El vehículo es un Y.*

Resultado por pantalla

```
El vehículo es un coche
El vehículo es un autobús
El vehículo es un helicóptero
El vehículo es un camión
```

Solución

```
package sets;

import java.util.HashSet;
import java.util.Set;

public class Exercise1 {

  public static void main(String[] args) {
    Set<String> vehicles = new HashSet<String>();
    vehicles.add("coche");
```

```
    vehicles.add("autobús");
    vehicles.add("camión");
    vehicles.add("helicóptero");

    for (String vehicle : vehicles) {
      System.out.println(String.format("El vehículo es un
    %s", vehicle));
    }
  }

}
```

8.2. Ejercicio 2

Escribe un programa que sume todos los números de este conjunto *{12, 131, 1, 45}*.

Resultado por pantalla

```
Resultado: 189
```

Solución

```java
package sets;

import java.util.HashSet;
import java.util.Set;

public class Exercise2a {

  public static void main(String[] args) {
    Set<Integer> numbers = new HashSet<Integer>();
    numbers.add(12);
    numbers.add(131);
    numbers.add(1);
    numbers.add(45);

    Integer result = 0;

    for (Integer num : numbers) {
      result = result + num;
    }

    System.out.println(String.format("Resultado: %d",
    result));
  }

}
```

Solución con Stream

```
package sets;

import java.util.HashSet;
import java.util.Set;

public class Exercise2b {

  public static void main(String[] args) {
    Set<Integer> numbers = new HashSet<Integer>();
    numbers.add(12);
    numbers.add(131);
    numbers.add(1);
    numbers.add(45);

    Integer result = numbers.stream().reduce(0, Integer::
    sum);

    System.out.println(String.format("Resultado: %d",
    result));
  }

}
```

8.3. Ejercicio 3

Escribe un programa que obtenga el máximo valor de este conjunto *{12, 131, 1, 45}*.

Nota: Debe utilizar Stream para este ejercicio.

Solución

```
package sets;

import java.util.HashSet;
import java.util.NoSuchElementException;
import java.util.Set;

public class Exercise3 {

  public static void main(String[] args) {
    Set<Integer> numbers = new HashSet<Integer>();
    numbers.add(12);
    numbers.add(131);
    numbers.add(1);
    numbers.add(45);

    Integer max = numbers.stream().mapToInt(v -> v).max().
    orElseThrow(NoSuchElementException::new);

    System.out.println(String.format("Máximo: %d", max));
  }

}
```

Resultado por pantalla

```
Máximo: 131
```

8.4. Ejercicio 4

Escribe un programa que obtenga el mínimo valor de este conjunto *{12, 131, 1, 45}*.

Nota: Debe utilizar Stream para este ejercicio.

Resultado por pantalla

```
Mínimo: 1
```

Solución

```
package sets;

import java.util.HashSet;
import java.util.NoSuchElementException;
import java.util.Set;

public class Exercise4 {

  public static void main(String[] args) {
    Set<Integer> numbers = new HashSet<Integer>();
    numbers.add(12);
    numbers.add(131);
    numbers.add(1);
    numbers.add(45);

    Integer min = numbers.stream().mapToInt(v -> v).min().
    orElseThrow(NoSuchElementException::new);

    System.out.println(String.format("Mínimo: %d", min));
  }

}
```

8.5. Ejercicio 5

Escribe un programa que dada la siguiente lista *[12, 131, 1, 45, 1, 26, 45]* muestre un conjunto sin elementos duplicados.

Resultado por pantalla

```
Lista: [12, 131, 1, 45, 1, 26, 45]
Conjunto: [1, 131, 26, 12, 45]
```

Solución

```java
package sets;

import java.util.Arrays;
import java.util.HashSet;
import java.util.List;
import java.util.Set;

public class Exercise5 {

  public static void main(String[] args) {
    List<Integer> list = Arrays.asList(12, 131, 1, 45, 1,
    26, 45);
    Set<Integer> set = new HashSet<Integer>(list);

    System.out.println(String.format("Lista: %s", list));
    System.out.println(String.format("Conjunto: %s", set))
    ;
  }

}
```

8.6. Ejercicio 6

Escribe un programa que calcule la intersección entre los siguientes conjuntos: *{15, 6, 25}* y *{12, 25, 7, 6, 26}*.

Resultado por pantalla

```
[6, 25]
```

Solución

```
package sets;

import java.util.HashSet;
import java.util.Set;

public class Exercise6 {

  public static void main(String[] args) {
    Set<Integer> numbers1 = new HashSet<Integer>();
    numbers1.add(15);
    numbers1.add(6);
    numbers1.add(25);
    Set<Integer> numbers2 = new HashSet<Integer>();
    numbers2.add(12);
    numbers2.add(25);
    numbers2.add(7);
    numbers2.add(6);
    numbers2.add(26);

    numbers1.retainAll(numbers2);

    System.out.println(numbers1);
  }

}
```

8.7. Ejercicio 7

Escribe un programa que calcule la unión entre los siguientes conjuntos: *{15, 6, 25}* y *{12, 25, 7, 6, 26}*.

Resultado por pantalla

```
[6, 7, 25, 26, 12, 15]
```

Solución

```java
package sets;

import java.util.HashSet;
import java.util.Set;

public class Exercise7 {

  public static void main(String[] args) {
    Set<Integer> numbers1 = new HashSet<Integer>();
    numbers1.add(15);
    numbers1.add(6);
    numbers1.add(25);
    Set<Integer> numbers2 = new HashSet<Integer>();
    numbers2.add(12);
    numbers2.add(25);
    numbers2.add(7);
    numbers2.add(6);
    numbers2.add(26);

    numbers1.addAll(numbers2);

    System.out.println(numbers1);
  }

}
```

8.8. Ejercicio 8

Escribe un programa que calcule la diferencia entre los conjuntos *{15, 6, 25}* y *{12, 25, 7, 6, 26}*.

Resultado por pantalla

```
[15]
```

Solución

```java
package sets;

import java.util.HashSet;
import java.util.Set;

public class Exercise8 {

  public static void main(String[] args) {
    Set<Integer> numbers1 = new HashSet<Integer>();
    numbers1.add(15);
    numbers1.add(6);
    numbers1.add(25);
    Set<Integer> numbers2 = new HashSet<Integer>();
    numbers2.add(12);
    numbers2.add(25);
    numbers2.add(7);
    numbers2.add(6);
    numbers2.add(26);

    numbers1.removeAll(numbers2);

    System.out.println(numbers1);
  }

}
```

8.9. Ejercicio 9

Escribe un programa que elimine el número 6 del siguiente conjunto *{15, 6, 25}*.

Resultado por pantalla

```
[25, 15]
```

Solución

```java
package sets;

import java.util.HashSet;
import java.util.Set;

public class Exercise9 {

  public static void main(String[] args) {
    Set<Integer> numbers1 = new HashSet<Integer>();
    numbers1.add(15);
    numbers1.add(6);
    numbers1.add(25);

    numbers1.remove(6);

    System.out.println(numbers1);
  }

}
```

8.10. Ejercicio 10

Escribe un programa que almacene números en un conjunto hasta que el usuario introduzca el valor *0*.

Resultado por pantalla

```
Introduce un número: 16
Introduce un número: -145
Introduce un número: 7
Introduce un número: 3
Introduce un número: 7
Introduce un número: 9
Introduce un número: 3
Introduce un número: 0
Conjunto: [16, -145, 3, 7, 9]
```

Solución

```
package sets;

import java.util.HashSet;
import java.util.Scanner;
import java.util.Set;

public class Exercise10 {

  public static void main(String[] args) {
    Set<Integer> numbers = new HashSet<Integer>();
    Scanner scanner = new Scanner(System.in);
    Integer number = 0;

    do {

      System.out.print("Introduce un número: ");
      number = scanner.nextInt();
```

```
            if (number != 0) {
                numbers.add(number);
            }

        } while (number != 0);

        System.out.println(String.format("Conjunto: %s",
        numbers));

        scanner.close();
    }

}
```

8.11. Ejercicio 11

¿Cuál es la salida obtenida tras la ejecución del siguiente programa?

```
package sets;

import java.util.HashSet;
import java.util.Set;

public class Exercise11 {

  public static void main(String[] args) {
    Set<Integer> numbers1 = new HashSet<Integer>();
    numbers1.add(1);
    numbers1.add(2);
    numbers1.add(3);

    Set<Integer> numbers2 = new HashSet<Integer>();
    numbers2.add(5);
    numbers2.add(4);
    numbers2.add(2);

    numbers1.clear();

    System.out.println(numbers1);
  }

}
```

Solución

```
[]
```

8.12. Ejercicio 12

¿Cuál es la salida obtenida tras la ejecución del siguiente programa?

```
package sets;

import java.util.HashSet;
import java.util.Set;

public class Exercise12 {

  public static void main(String[] args) {
    Set<Integer> numbers1 = new HashSet<Integer>();
    numbers1.add(123);
    numbers1.add(20);
    numbers1.add(12);
    numbers1.add(42);
    numbers1.add(10);

    Set<Integer> numbers2 = new HashSet<Integer>();
    numbers2.add(45);
    numbers2.add(7);
    numbers2.add(8);
    numbers2.add(16);
    numbers2.add(20);

    if (numbers2.size() > 3 && !numbers1.isEmpty()) {
      numbers1.addAll(numbers2);
      System.out.println(numbers1);
    } else {
      System.out.println(numbers2);
    }

  }

}
```

Solución

```
[16, 20, 7, 8, 42, 10, 123, 12, 45]
```

8.13. Ejercicio 13

Escribe un programa que calcule números pares del 1 al 100 y los almacene en un conjunto.

Nota: Debe utilizar Stream para este ejercicio.

Resultado por pantalla

```
[2, 4, 6, 8, 10, 12, 14, 16, 18, 20, 22, 24, 26, 28, 30,
    32, 34, 36, 38, 40, 42, 44, 46, 48, 50, 52, 54, 56,
    58, 60, 62, 64, 66, 68, 70, 72, 74, 76, 78, 80, 82,
    84, 86, 88, 90, 92, 94, 96, 98, 100]
```

Solución

```
package sets;

import java.util.Set;
import java.util.stream.Collectors;
import java.util.stream.IntStream;

public class Exercise13 {

  public static void main(String[] args) {
    Set<Integer> numbers = IntStream.range(1, 101).filter(
    x -> x % 2 == 0).boxed().collect(Collectors.toSet());

    System.out.println(numbers);
  }

}
```

8.14. Ejercicio 14

Escribe un programa que genere números cuadrados del 1 al 20 y los almacene en un conjunto.

Nota: Debe utilizar Stream para este ejercicio.

Resultado por pantalla

```
[64, 256, 1, 225, 289, 4, 36, 100, 196, 324, 9, 169, 361,
    16, 144, 400, 49, 81, 25, 121]
```

Solución

```
package sets;

import java.util.Set;
import java.util.stream.Collectors;
import java.util.stream.IntStream;

public class Exercise14 {

  public static void main(String[] args) {
    Set<Integer> squareNumbers = IntStream.range(1, 21).
    boxed().map(x -> x * x).collect(Collectors.toSet());

    System.out.println(squareNumbers);
  }

}
```

8.15. Ejercicio 15

Escribe un programa que devuelva el tamaño del siguiente conjunto *{10,20,30,40,50}*. Sí el número devuelto es impar mostrará el siguiente mensaje: *Impar*. En caso contrario, el mensaje será: *Par*.

Resultado por pantalla

```
Impar
```

Solución

```
package sets;

import java.util.HashSet;
import java.util.Set;

public class Exercise15 {

  public static void main(String[] args) {
    Set<Integer> numbers = new HashSet<Integer>();
    numbers.add(10);
    numbers.add(20);
    numbers.add(30);
    numbers.add(40);
    numbers.add(50);

    if (numbers.size() % 2 == 0) {
      System.out.println("Par");
    } else {
      System.out.println("Impar");
    }
  }

}
```

8.16. Ejercicio 16

Escribe un programa que convierta la siguiente palabra *Manzana* en un conjunto donde cada elemento es una letra sin repetir.

Nota: Debe utilizar Stream para este ejercicio.

Resultado por pantalla

```
[a, z, M, n]
```

Solución

```
package sets;

import java.util.Set;
import java.util.stream.Collectors;

public class Exercise16 {

  public static void main(String[] args) {
    String word = "Manzana";
    Set<Character> letters = word.chars().mapToObj(x -> (
    char) x).collect(Collectors.toSet());

    System.out.println(letters);
  }

}
```

8.17. Ejercicio 17

Escribe un programa que recorra el siguiente conjunto *{Hello, 14, true, 16, false, David}* y sume todos sus elementos.

Resultado por pantalla

```
Total: 30
```

Solución

```
package sets;

import java.util.HashSet;
import java.util.Set;

public class Exercise17 {

  public static void main(String[] args) {
    Set<Object> elements = new HashSet<Object>();
    elements.add("Hello");
    elements.add(14);
    elements.add(true);
    elements.add(16);
    elements.add(false);
    elements.add("David");

    Integer total = 0;

    for (Object element : elements) {
      if (element instanceof Integer) {
        total = total + (Integer) element;
      }
    }

    System.out.println(String.format("Total: %d", total));
```

```
    }
}
```

8.18. Ejercicio 18

¿Cuál es la salida obtenida tras la ejecución del siguiente programa?

```
package sets;

import java.util.HashSet;
import java.util.Set;

public class Exercise18 {

  public static void main(String[] args) {
    Set<String> fruits = new HashSet<String>();
    fruits.add("manzana");
    fruits.add("kiwi");
    fruits.add("platano");

    if (fruits.contains("kiwi")) {
      System.out.println("Me gusta!");
    }
  }

}
```

Solución

```
Me gusta!
```

8.19. Ejercicio 19

¿Cuál es la salida obtenida tras la ejecución del siguiente programa?

```
package sets;

import java.util.HashSet;
import java.util.Set;

public class Exercise19 {

  public static void main(String[] args) {
    Set<String> fruits = new HashSet<String>();
    fruits.add("manzana");
    fruits.add("kiwi");
    fruits.add("platano");

    if (!!fruits.isEmpty()) {
      fruits.clear();
    } else {
      fruits.add("naranja");
    }

    System.out.println(fruits);
  }

}
```

Solución

```
[manzana, platano, kiwi, naranja]
```

8.20. Ejercicio 20

¿Cuál es la salida obtenida tras la ejecución del siguiente programa?

```
package sets;

import java.util.HashSet;
import java.util.Set;

public class Exercise20 {

  public static void main(String[] args) {
    Set<Integer> set1 = new HashSet<Integer>();
    set1.add(1);
    set1.add(2);
    set1.add(3);

    Set<Integer> set2 = new HashSet<Integer>();
    set2.add(6);
    set2.add(5);
    set2.add(4);
    set2.add(1);
    set2.add(2);
    set2.add(3);

    set2.retainAll(set1);
    set2.remove(2);
    set1.addAll(set2);

    System.out.println(set1);
  }

}
```

Solución

```
[1, 2, 3]
```

9 Estructuras de datos. Diccionarios

9.1. Ejercicio 1

Escribe un programa que cree un diccionario con dos claves: *name* y *surname*. En relación a los valores, pueden ser de tu elección. Ejemplo: *David* y *Fernández*. Por último, se deberá leer dicho diccionario e imprimir los resultados obtenidos.

Resultado por pantalla

```
Clave: surname | Valor: Fernández
Clave: name | Valor: David
```

Solución

```
package dictionaries;

import java.util.HashMap;
import java.util.Map;

public class Exercise1 {

  public static void main(String[] args) {
    Map<String, String> person = new HashMap<String,
    String>();
    person.put("name", "David");
```

```
    person.put("surname", "Fernández");

    for (Map.Entry<String, String> entry : person.entrySet
    ()) {
      System.out.println(String.format("Clave: %s | Valor:
    %s", entry.getKey(), entry.getValue()));
    }
  }

}
```

9.2. Ejercicio 2

Escribe un programa que dado el ejercicio anterior añada una nueva clave *age* y su valor sea un número entero de tu elección.

Nota: Tenga en cuenta que en el ejercicio anterior los valores eran todos de tipo String y ahora además de mantener los dos campos de tipo String se requiere añadir un número entero.

Resultado por pantalla

```
Clave: surname | Valor: Fernández
Clave: name | Valor: David
Clave: age | Valor: 18
```

Solución

```
package dictionaries;

import java.util.HashMap;
import java.util.Map;

public class Exercise2 {

  public static void main(String[] args) {
    Map<String, Object> person = new HashMap<String,
    Object>();
    person.put("name", "David");
    person.put("surname", "Fernández");
    person.put("age", 18);

    for (Map.Entry<String, Object> entry : person.entrySet
    ()) {
      System.out.println(String.format("Clave: %s | Valor:
      %s", entry.getKey(), entry.getValue()));
    }
```

```
    }
}
```

9.3. Ejercicio 3

Escribe un programa que dado el ejercicio 1 devuelva una lista con todas las claves del diccionario.

Resultado por pantalla

```
[surname, name]
```

Solución

```
package dictionaries;

import java.util.ArrayList;
import java.util.HashMap;
import java.util.List;
import java.util.Map;

public class Exercise3 {

  public static void main(String[] args) {
    Map<String, String> person = new HashMap<String,
    String>();
    person.put("name", "David");
    person.put("surname", "Fernández");

    List<String> keys = new ArrayList<String>(person.
    keySet());

    System.out.println(keys);
  }

}
```

9.4. Ejercicio 4

Escribe un programa que dado el ejercicio 1 devuelva una lista con todos los valores del diccionario.

Resultado por pantalla

```
[Fernández, David]
```

Solución

```
package dictionaries;

import java.util.ArrayList;
import java.util.HashMap;
import java.util.List;
import java.util.Map;

public class Exercise4 {

  public static void main(String[] args) {
    Map<String, String> person = new HashMap<String,
    String>();
    person.put("name", "David");
    person.put("surname", "Fernández");

    List<String> values = new ArrayList<String>(person.
    values());

    System.out.println(values);
  }

}
```

9.5. Ejercicio 5

¿Cuál es la salida obtenida tras la ejecución del siguiente programa?

```
package dictionaries;

import java.util.HashMap;
import java.util.Map;

public class Exercise5 {

  public static void main(String[] args) {
    Map<Integer, String> example = new HashMap<Integer,
    String>();
    example.put(1, "A");
    example.put(2, "B");
    example.put(3, "C");

    example.clear();

    System.out.println(String.format("Resultado: %s",
    example));
  }

}
```

Solución

```
Resultado: {}
```

9.6. Ejercicio 6

¿Cuál es la salida obtenida tras la ejecución del siguiente programa?

```
package dictionaries;

import java.util.HashMap;
import java.util.Map;

public class Exercise6 {

  public static void main(String[] args) {
    Map<Integer, String> example = new HashMap<Integer,
    String>();
    example.put(1, "A");
    example.put(2, "B");
    example.put(3, "C");

    System.out.println(String.format("Resultado: %s",
    example.get(2)));
  }

}
```

Solución

```
Resultado: B
```

9.7. Ejercicio 7

Escribe un programa que devuelva la persona que tiene mayor edad dada la siguiente lista de diccionarios.

```
package dictionaries;

import java.util.ArrayList;
import java.util.HashMap;
import java.util.List;
import java.util.Map;

public class Exercise7 {

  public static void main(String[] args) {
    List<Map<String, Object>> people = new ArrayList<>();

    Map<String, Object> person1 = new HashMap<String,
    Object>();
    person1.put("name", "Bren");
    person1.put("age", 18);
    people.add(person1);

    Map<String, Object> person2 = new HashMap<String,
    Object>();
    person2.put("name", "Sam");
    person2.put("age", 31);
    people.add(person2);

    Map<String, Object> person3 = new HashMap<String,
    Object>();
    person3.put("name", "Steve");
    person3.put("age", 42);
    people.add(person3);
  }

}
```

Nota: Debe utilizar Stream para este ejercicio.

Resultado por pantalla

```
El mayor es: {name=Steve, age=42}
```

Solución

```
package dictionaries;

import java.util.ArrayList;
import java.util.HashMap;
import java.util.List;
import java.util.Map;

public class Exercise7 {

  public static void main(String[] args) {
    List<Map<String, Object>> people = new ArrayList<>();

    Map<String, Object> person1 = new HashMap<String,
     Object>();
    person1.put("name", "Bren");
    person1.put("age", 18);
    people.add(person1);

    Map<String, Object> person2 = new HashMap<String,
     Object>();
    person2.put("name", "Sam");
    person2.put("age", 31);
    people.add(person2);

    Map<String, Object> person3 = new HashMap<String,
     Object>();
    person3.put("name", "Steve");
    person3.put("age", 42);
    people.add(person3);

    Map<String, Object> max = people.stream().max((Map<
     String, Object> e1, Map<String, Object> e2) -> Integer
```

```
        .valueOf((Integer) e1.get("age")).compareTo((
    Integer) e2.get("age"))).get();

    System.out.println(String.format("El mayor es: %s",
    max));
  }

}
```

9.8. Ejercicio 8

Escribe un programa que ordene la siguiente lista de personas por la edad en orden alfabético descendente.

```
package dictionaries;

import java.util.ArrayList;
import java.util.HashMap;
import java.util.List;
import java.util.Map;

public class Exercise8 {

  public static void main(String[] args) {
    List<Map<String, Object>> people = new ArrayList<>();

    Map<String, Object> person1 = new HashMap<String,
    Object>();
    person1.put("name", "Bren");
    person1.put("age", 18);
    people.add(person1);

    Map<String, Object> person2 = new HashMap<String,
    Object>();
    person2.put("name", "Sam");
    person2.put("age", 31);
    people.add(person2);

    Map<String, Object> person3 = new HashMap<String,
    Object>();
    person3.put("name", "Steve");
    person3.put("age", 42);
    people.add(person3);
  }

}
```

Nota: Debe utilizar Stream para este ejercicio.

Resultado por pantalla

```
[{name=Steve, age=42}, {name=Sam, age=31}, {name=Bren, age
    =18}]
```

Solución

```
package dictionaries;

import java.util.ArrayList;
import java.util.HashMap;
import java.util.List;
import java.util.Map;
import java.util.stream.Collectors;

public class Exercise8 {

  public static void main(String[] args) {
    List<Map<String, Object>> people = new ArrayList<>();

    Map<String, Object> person1 = new HashMap<String,
    Object>();
    person1.put("name", "Bren");
    person1.put("age", 18);
    people.add(person1);

    Map<String, Object> person2 = new HashMap<String,
    Object>();
    person2.put("name", "Sam");
    person2.put("age", 31);
    people.add(person2);

    Map<String, Object> person3 = new HashMap<String,
    Object>();
    person3.put("name", "Steve");
    person3.put("age", 42);
    people.add(person3);
```

```
    List<Map<String, Object>> peopleSorted = people.stream
    ().sorted(
        (Map<String, Object> e1, Map<String, Object> e2)
    -> String.valueOf(e2).compareTo(String.valueOf(e1)))
        .collect(Collectors.toList());

    System.out.println(peopleSorted);
  }

}
```

9.9. Ejercicio 9

Escribe un programa que filtre la siguiente lista por aquellas personas que tengan más de 30 años.

```
package dictionaries;

import java.util.ArrayList;
import java.util.HashMap;
import java.util.List;
import java.util.Map;
import java.util.stream.Collectors;

public class Exercise9 {

  public static void main(String[] args) {
    List<Map<String, Object>> people = new ArrayList<>();

    Map<String, Object> person1 = new HashMap<String,
    Object>();
    person1.put("name", "Bren");
    person1.put("age", 18);
    people.add(person1);

    Map<String, Object> person2 = new HashMap<String,
    Object>();
    person2.put("name", "Sam");
    person2.put("age", 31);
    people.add(person2);

    Map<String, Object> person3 = new HashMap<String,
    Object>();
    person3.put("name", "Steve");
    person3.put("age", 42);
    people.add(person3);
  }

}
```

Nota: Debe utilizar Stream para este ejercicio.

Resultado por pantalla

```
[{name=Sam, age=31}, {name=Steve, age=42}]
```

Solución

```
package dictionaries;

import java.util.ArrayList;
import java.util.HashMap;
import java.util.List;
import java.util.Map;
import java.util.stream.Collectors;

public class Exercise9 {

  public static void main(String[] args) {
    List<Map<String, Object>> people = new ArrayList<>();

    Map<String, Object> person1 = new HashMap<String,
    Object>();
    person1.put("name", "Bren");
    person1.put("age", 18);
    people.add(person1);

    Map<String, Object> person2 = new HashMap<String,
    Object>();
    person2.put("name", "Sam");
    person2.put("age", 31);
    people.add(person2);

    Map<String, Object> person3 = new HashMap<String,
    Object>();
    person3.put("name", "Steve");
    person3.put("age", 42);
    people.add(person3);
```

```
        List<Map<String, Object>> peopleFiltered = people.
        stream()
            .filter((Map<String, Object> e1) -> (Integer) e1.
        get("age") > 30).collect(Collectors.toList());

        System.out.println(peopleFiltered);
    }

}
```

9.10. Ejercicio 10

Escribe un programa que solicite nombre, edad y estatura. Posteriormente, dicha información deberá ser almacenada en un diccionario.

Resultado por pantalla

```
Introduce tu nombre: David
Introduce tu edad: 18
Introduce tu altura: 1.90
{name=David, age=18, height=1.9}
```

Solución

```
package dictionaries;

import java.util.HashMap;
import java.util.Map;
import java.util.Scanner;

public class Exercise10 {

  public static void main(String[] args) {
    Scanner scanner = new Scanner(System.in);

    System.out.print("Introduce tu nombre: ");
    String name = scanner.nextLine();

    System.out.print("Introduce tu edad: ");
    Integer age = scanner.nextInt();

    System.out.print("Introduce tu altura: ");
    Double height = scanner.nextDouble();

```

```
    Map<String, Object> person = new HashMap<String,
    Object>();
    person.put("name", name);
    person.put("age", age);
    person.put("height", height);

    System.out.println(person);

    scanner.close();
  }

}
```

9.11. Ejercicio 11

¿Cuál es la salida obtenida tras la ejecución del siguiente programa?

```
package dictionaries;

import java.util.HashMap;
import java.util.Map;

public class Exercise11 {

  public static void main(String[] args) {
    Map<String, Object> dict1 = new HashMap<String, Object
    >();
    dict1.put("name", "David");

    Map<String, Object> dict2 = new HashMap<String, Object
    >();
    dict2.put("height", 1.92);

    Map<String, Object> dict3 = new HashMap<String, Object
    >();
    dict3.put("surname", "Fernandez");

    dict1.putAll(dict2);
    dict1.putAll(dict3);

    System.out.println(dict1);
  }

}
```

Solución

```
{surname=Fernandez, name=David, height=1.92}
```

9.12. Ejercicio 12

Escribe un programa que dado el siguiente fragmento de código deberá mostrar la propiedad *name* para el tipo *Crossover* haciendo uso de la variable *vehicle*.

```
package dictionaries;

import java.util.ArrayList;
import java.util.HashMap;
import java.util.List;
import java.util.Map;

public class Exercise12 {

  public static void main(String[] args) {
    Map<String, String> type1 = new HashMap<String, String
    >();
    type1.put("type", "SUV");
    type1.put("name", "Example 1");

    Map<String, String> type2 = new HashMap<String, String
    >();
    type2.put("type", "Crossover");
    type2.put("name", "Example 2");

    List<Map<String, String>> types = new ArrayList<>();
    types.add(type1);
    types.add(type2);

    Map<String, List<Map<String, String>>> car = new
    HashMap<String, List<Map<String, String>>>();
    car.put("types", types);

    Map<String, Map<String, List<Map<String, String>>>>
    vehicle = new HashMap<String, Map<String, List<Map<
    String, String>>>>();
    vehicle.put("car", car);
  }
```

```
}
```

Resultado por pantalla

```
El nombre es Example 2
```

Solución

```
package dictionaries;

import java.util.ArrayList;
import java.util.HashMap;
import java.util.List;
import java.util.Map;

public class Exercise12 {

  public static void main(String[] args) {
    Map<String, String> type1 = new HashMap<String, String
    >();
    type1.put("type", "SUV");
    type1.put("name", "Example 1");

    Map<String, String> type2 = new HashMap<String, String
    >();
    type2.put("type", "Crossover");
    type2.put("name", "Example 2");

    List<Map<String, String>> types = new ArrayList<>();
    types.add(type1);
    types.add(type2);

    Map<String, List<Map<String, String>>> car = new
    HashMap<String, List<Map<String, String>>>();
    car.put("types", types);
```

```
    Map<String, Map<String, List<Map<String, String>>>>
    vehicle = new HashMap<String, Map<String, List<Map<
    String, String>>>>();
    vehicle.put("car", car);

    String name = vehicle.get("car").get("types").get(1).
    get("name");

    System.out.println(String.format("El nombre es %s",
    name));
  }

}
```

9.13. Ejercicio 13

Escribe un programa que dado el siguiente fragmento de código deberá mostrar el total de profesores haciendo uso de la variable *example*.

```
package dictionaries;

import java.util.ArrayList;
import java.util.HashMap;
import java.util.List;
import java.util.Map;

public class Exercise13 {

  public static void main(String[] args) {
    Map<String, String> teacher1 = new HashMap<String,
    String>();
    teacher1.put("teacher", "Margarita");

    Map<String, String> teacher2 = new HashMap<String,
    String>();
    teacher2.put("teacher", "Pedro");

    List<Map<String, String>> teachers = new ArrayList<>()
    ;
    teachers.add(teacher1);
    teachers.add(teacher1);

    Map<String, List<Map<String, String>>> school = new
    HashMap<String, List<Map<String, String>>>();
    school.put("teachers", teachers);

    Map<String, Map<String, List<Map<String, String>>>>
    example = new HashMap<String, Map<String, List<Map<
    String, String>>>>();
    example.put("school", school);
  }

}
```

Resultado por pantalla

```
Total profesores: 2
```

Solución

```
package dictionaries;

import java.util.ArrayList;
import java.util.HashMap;
import java.util.List;
import java.util.Map;

public class Exercise13 {

  public static void main(String[] args) {
    Map<String, String> teacher1 = new HashMap<String,
     String>();
     teacher1.put("teacher", "Margarita");

    Map<String, String> teacher2 = new HashMap<String,
     String>();
     teacher2.put("teacher", "Pedro");

     List<Map<String, String>> teachers = new ArrayList<>()
     ;
     teachers.add(teacher1);
     teachers.add(teacher1);

    Map<String, List<Map<String, String>>> school = new
     HashMap<String, List<Map<String, String>>>();
     school.put("teachers", teachers);
```

```
        Map<String, Map<String, List<Map<String, String>>>>
        example = new HashMap<String, Map<String, List<Map<
        String, String>>>>();
        example.put("school", school);

        Integer total = example.get("school").get("teachers").
        size();

        System.out.println(String.format("Total profesores: %d
        ", total));
    }

}
```

9.14. Ejercicio 14

Escribe un programa que elimine una lista de claves *["population", ïd"]* del siguiente diccionario:

```
package dictionaries;

import java.util.Arrays;
import java.util.HashMap;
import java.util.List;
import java.util.Map;

public class Exercise14 {

  public static void main(String[] args) {
    Map<String, Object> dictionary = new HashMap<String,
    Object>();
    dictionary.put("city", "Madrid");
    dictionary.put("country", "Spain");
    dictionary.put("id", 123456);
    dictionary.put("population", 123456789);
  }

}
```

Resultado por pantalla

```
Antes: {country=Spain, city=Madrid, id=123456, population
    =123456789}
Después: {country=Spain, city=Madrid}
```

Solución

```
package dictionaries;

import java.util.Arrays;
```

```
import java.util.HashMap;
import java.util.List;
import java.util.Map;

public class Exercise14 {

  public static void main(String[] args) {
    Map<String, Object> dictionary = new HashMap<String,
    Object>();
    dictionary.put("city", "Madrid");
    dictionary.put("country", "Spain");
    dictionary.put("id", 123456);
    dictionary.put("population", 123456789);

    List<String> keys = Arrays.asList("population", "id");

    System.out.println(String.format("Antes: %s",
    dictionary));

    for (String key : keys) {
      dictionary.remove(key);
    }

    System.out.println(String.format("Después: %s",
    dictionary));
  }

}
```

9.15. Ejercicio 15

Escribe un programa que compruebe si el valor *18* se encuentra en el siguiente diccionario. En caso afirmativo, mostrar un mensaje informando de ello.

```
package dictionaries;

import java.util.HashMap;
import java.util.Map;
import java.util.Map.Entry;

public class Exercise15 {

  public static void main(String[] args) {
    Map<String, Integer> dictionary = new HashMap<String,
     Integer>();
     dictionary.put("field1", 20);
     dictionary.put("field2", 18);
     dictionary.put("field3", 123);
     dictionary.put("field4", 67);
  }

}
```

Resultado por pantalla

```
18 está en el diccionario
```

Solución

```
package dictionaries;

import java.util.HashMap;
import java.util.Map;
import java.util.Map.Entry;
```

```
public class Exercise15 {

  public static void main(String[] args) {
    Map<String, Integer> dictionary = new HashMap<String,
    Integer>();
    dictionary.put("field1", 20);
    dictionary.put("field2", 18);
    dictionary.put("field3", 123);
    dictionary.put("field4", 67);

    Boolean found = false;

    for (Entry<String, Integer> element : dictionary.
    entrySet()) {
      if (element.getValue() == 18) {
        found = true;
      }
    }

    if (found) {
      System.out.println("18 está en el diccionario");
    }
  }

}
```

9.16. Ejercicio 16

Escribe un programa que renombre la clave *city* por *location* en el siguiente diccionario:

```
package dictionaries;

import java.util.HashMap;
import java.util.Map;

public class Exercise16 {

  public static void main(String[] args) {
    Map<String, Object> person = new HashMap<String,
     Object>();
    person.put("name", "David");
    person.put("city", "Barcelona");
  }

}
```

Resultado por pantalla

```
Antes: {city=Barcelona, name=David}
Después: {name=David, location=Barcelona}
```

Solución

```
package dictionaries;

import java.util.HashMap;
import java.util.Map;

public class Exercise16 {

  public static void main(String[] args) {
```

```
        Map<String , Object> person = new HashMap<String ,
        Object >() ;
        person . put ("name" , "David") ;
        person . put (" city " , " Barcelona ") ;

        System . out . println ( String . format ( " Antes : %s " , person ) )
        ;

        person . put (" location " , person . get (" city ") ) ;
        person . remove (" city ") ;

        System . out . println ( String . format ("Después : %s " , person
        ) ) ;
    }

}
```

9.17. Ejercicio 17

Escribe un programa que realice una copia del siguiente diccionario y muestre por pantalla los dos diccionarios.

```
package dictionaries;

import java.util.HashMap;
import java.util.Map;

public class Exercise17 {

  public static void main(String[] args) {
    Map<String, Object> person = new HashMap<String,
     Object>();
    person.put("name", "David");
    person.put("city", "Barcelona");
  }

}
```

Resultado por pantalla

```
Persona: {city=Barcelona, name=David}
Copia: {name=David, city=Barcelona}
```

Solución

```
package dictionaries;

import java.util.HashMap;
import java.util.Map;

public class Exercise17 {

  public static void main(String[] args) {
```

```
        Map<String, Object> person = new HashMap<String,
        Object>();
        person.put("name", "David");
        person.put("city", "Barcelona");

        Map<String, Object> copy = new HashMap<String, Object
        >(person);

        System.out.println(String.format("Persona: %s", person
        ));
        System.out.println(String.format("Copia: %s", copy));
    }

}
```

9.18. Ejercicio 18

Escribe un programa que solicite al usuario el nombre de una fruta. Acto seguido dicha información se almacenará en una lista de diccionarios. Cada diccionario tendrá *name* como clave.

Finalmente, mostraremos la información almacenada en la lista, así como el total de frutas. Por último, el programa deberá de finalizar cuando el usuario escriba *fin*.

Resultado por pantalla

```
Introduce una fruta: manzana
Introduce una fruta: sandía
Introduce una fruta: plátano
Introduce una fruta: fin
Frutas: [{name=manzana}, {name=sandía}, {name=plátano}]
Total frutas: 3
```

Solución

```
package dictionaries;

import java.util.ArrayList;
import java.util.HashMap;
import java.util.List;
import java.util.Map;
import java.util.Scanner;

public class Exercise18 {

  public static void main(String[] args) {
    Scanner scanner = new Scanner(System.in);
```

```
    List<Map<String, String>> fruits = new ArrayList<Map<
    String, String>>();
    String fruit = "";

    do {

      System.out.print("Introduce una fruta: ");
      fruit = scanner.nextLine();

      if (!fruit.equals("fin")) {
        Map<String, String> dict = new HashMap<String,
    String>();
        dict.put("name", fruit);

        fruits.add(dict);
      }

    } while (!fruit.equals("fin"));

    System.out.println(String.format("Frutas: %s", fruits)
    );
    System.out.println(String.format("Total frutas: %d",
    fruits.size()));

    scanner.close();
  }

}
```

9.19. Ejercicio 19

Escribe un programa que devuelva el top 3 con mayores valores dada la siguiente lista de diccionarios:

```
package dictionaries;

import java.util.ArrayList;
import java.util.HashMap;
import java.util.List;
import java.util.Map;
import java.util.stream.Collectors;

public class Exercise19 {

  public static void main(String[] args) {
    List<Map<String, Integer>> numbers = new ArrayList<Map
    <String, Integer>>();

    Map<String, Integer> number1 = new HashMap<String,
    Integer>();
    number1.put("number", 15);
    numbers.add(number1);

    Map<String, Integer> number2 = new HashMap<String,
    Integer>();
    number2.put("number", 29);
    numbers.add(number2);

    Map<String, Integer> number3 = new HashMap<String,
    Integer>();
    number3.put("number", 1);
    numbers.add(number3);

    Map<String, Integer> number4 = new HashMap<String,
    Integer>();
    number4.put("number", 150);
    numbers.add(number4);

    Map<String, Integer> number5 = new HashMap<String,
```

```
      Integer >();
      number5.put("number", 78);
      numbers.add(number5);
   }

}
```

Resultado por pantalla

```
[{number=150}, {number=78}, {number=29}]
```

Solución

```
package dictionaries;

import java.util.ArrayList;
import java.util.HashMap;
import java.util.List;
import java.util.Map;
import java.util.stream.Collectors;

public class Exercise19 {

   public static void main(String[] args) {
      List<Map<String, Integer>> numbers = new ArrayList<Map
      <String, Integer>>();

      Map<String, Integer> number1 = new HashMap<String,
      Integer>();
      number1.put("number", 15);
      numbers.add(number1);

      Map<String, Integer> number2 = new HashMap<String,
      Integer>();
      number2.put("number", 29);
      numbers.add(number2);
```

```
        Map<String, Integer> number3 = new HashMap<String,
        Integer>();
        number3.put("number", 1);
        numbers.add(number3);

        Map<String, Integer> number4 = new HashMap<String,
        Integer>();
        number4.put("number", 150);
        numbers.add(number4);

        Map<String, Integer> number5 = new HashMap<String,
        Integer>();
        number5.put("number", 78);
        numbers.add(number5);

        List<Map<String, Integer>> sorted = numbers.stream().
        sorted(
            (Map<String, Integer> e1, Map<String, Integer> e2)
         -> e2.get("number").compareTo(e1.get("number")))
            .collect(Collectors.toList());

        List<Map<String, Integer>> top3 = sorted.subList(0, 3)
        ;

        System.out.println(top3);
    }

}
```

9.20. Ejercicio 20

¿Cuál es la salida obtenida tras la ejecución del siguiente programa?

```
package dictionaries;

import java.util.HashMap;
import java.util.Map;

public class Exercise20 {

  public static void main(String[] args) {
    Map<String, Integer> example = new HashMap<String,
     Integer>();
    example.putIfAbsent("number", 1);

    System.out.println(example);

    Map<String, Integer> example2 = new HashMap<String,
     Integer>();
    example2.put("number", 2);
    example2.putIfAbsent("number", 22);

    System.out.println(example2);

  }

}
```

Solución

```
{number=1}
{number=2}
```

10 Funciones

10.1. Ejercicio 1

Escribe una función llamada *test* que devuelva el siguiente mensaje *Hola Francisco!!*.

Resultado por pantalla

```
Hola Francisco!!
```

Solución

```
package functions;

public class Exercise1 {

  public static String test() {
    return "Hola Francisco!!";
  }

  public static void main(String[] args) {
    System.out.println(test());
  }

}
```

10.2. Ejercicio 2

Escribe una función llamada *test* que muestre el siguiente mensaje *Hola Francisco!!* sin utilizar la siguiente palabra reservada: *return*.

Resultado por pantalla

```
Hola Francisco!!
```

Solución

```
package functions;

public class Exercise2 {

  public static void test() {
    System.out.println("Hola Francisco!!");
  }

  public static void main(String[] args) {
    test();
  }

}
```

10.3. Ejercicio 3

Escribe una función llamada *multiplication* que dado dos parámetros de entrada, devuelva la multiplicación de ambos números enteros.

Resultado por pantalla

```
Resultado: 6
```

Solución

```
package functions;

public class Exercise3 {

  public static Integer multiplication(Integer number1,
    Integer number2) {
    return number1 * number2;
  }

  public static void main(String[] args) {
    Integer operation = multiplication(2, 3);

    System.out.println(String.format("Resultado: %d",
    operation));
  }

}
```

10.4. Ejercicio 4

Escribe una función llamada *maximum* que reciba una lista como parámetro de entrada y devuelva el máximo número encontrado.

Nota: Debe utilizar Stream para este ejercicio.

Resultado por pantalla

```
Máximo: 87
```

Solución

```
package functions;

import java.util.Arrays;
import java.util.List;
import java.util.NoSuchElementException;

public class Exercise4 {

  public static Integer maximum(List<Integer> numbers) {
    return numbers.stream().mapToInt(v -> v).max().
    orElseThrow(NoSuchElementException::new);
  }

  public static void main(String[] args) {
    List<Integer> numbers = Arrays.asList(14, 2, 87, 64);
    Integer max = maximum(numbers);

    System.out.println(String.format("Máximo: %d", max));
  }

}
```

10.5. Ejercicio 5

Escribe una función llamada *minimum* que reciba una lista como parámetro de entrada y devuelva el mínimo número encontrado.

Nota: Debe utilizar Stream para este ejercicio.

Resultado por pantalla

```
Mínimo: 2
```

Solución

```
package functions;

import java.util.Arrays;
import java.util.List;
import java.util.NoSuchElementException;

public class Exercise5 {

  public static Integer minimum(List<Integer> numbers) {
    return numbers.stream().mapToInt(v -> v).min().
    orElseThrow(NoSuchElementException::new);
  }

  public static void main(String[] args) {
    List<Integer> numbers = Arrays.asList(14, 2, 87, 64);
    Integer min = minimum(numbers);

    System.out.println(String.format("Mínimo: %d", min));
  }

}
```

10.6. Ejercicio 6

Escribe una función llamada *factorial* que reciba un número y muestre el factorial para dicho número.

Resultado por pantalla

```
El factorial de 5 es 120
```

Solución

```
package functions;

public class Exercise6 {

  public static Integer factorial(Integer number) {
    int factorial = 1;

    if (number > 0) {
      for (int i = 1; i <= number; i++) {
        factorial = factorial * i;
      }
    }

    return factorial;
  }

  public static void main(String[] args) {
    Integer number = 5;

    if (number < 0) {
      System.out.println("El factorial no existe para nú
    meros negativos");
    } else if (number == 0) {
      System.out.println("El factorial de 0 es 1");
    } else {
```

```
            Integer factorial = factorial(number);
            System.out.println(String.format("El factorial de %d
          es %d", number, factorial));
        }
    }

}
```

10.7. Ejercicio 7

Escribe una función llamada *odd_numbers* que reciba un número y calcule los números impares desde el 1 hasta N. La función deberá almacenar todos los números impares en una lista y posteriormente devolver dicha lista.

Resultado por pantalla

```
[1, 3, 5, 7, 9, 11, 13, 15, 17, 19]
```

Solución

```
package functions;

import java.util.ArrayList;
import java.util.List;

public class Exercise7 {

  public static List<Integer> odd_numbers(Integer limit) {
    List<Integer> numbers = new ArrayList<Integer>();
    for (int number = 1; number <= limit; number++) {
      if (number % 2 == 1) {
        numbers.add(number);
      }
    }

    return numbers;
  }

  public static void main(String[] args) {
    System.out.println(odd_numbers(20));
  }

}
```

10.8. Ejercicio 8

Escribe una función llamada *odd_or_even* que reciba un número y devuelva *impar* o *par* en función de si el número es impar o par.

Resultado por pantalla

```
10 es Par
7 es Impar
```

Solución

```
package functions;

public class Exercise8 {

  public static String odd_or_even(Integer number) {
    String result = "Impar";
    if (number % 2 == 0) {
      result = "Par";
    }
    return result;
  }

  public static void main(String[] args) {
    Integer number1 = 10;
    String check_number1 = odd_or_even(number1);

    Integer number2 = 7;
    String check_number2 = odd_or_even(number2);

    System.out.println(String.format("%d es %s", number1,
    check_number1));
    System.out.println(String.format("%d es %s", number2,
    check_number2));
```

```
    }

}
```

10.9. Ejercicio 9

Escribe una función llamada *top3* que reciba una lista de diccionarios y devuelva los tres con mayor valor. Utilice el siguiente código para generar dicha función:

```
package functions;

import java.util.ArrayList;
import java.util.HashMap;
import java.util.List;
import java.util.Map;
import java.util.stream.Collectors;

public class Exercise9 {

  public static void main(String[] args) {
    List<Map<String, Integer>> numbers = new ArrayList<Map
    <String, Integer>>();

    Map<String, Integer> number1 = new HashMap<String,
    Integer>();
    number1.put("number", 15);
    numbers.add(number1);

    Map<String, Integer> number2 = new HashMap<String,
    Integer>();
    number2.put("number", 29);
    numbers.add(number2);

    Map<String, Integer> number3 = new HashMap<String,
    Integer>();
    number3.put("number", 1);
    numbers.add(number3);

    Map<String, Integer> number4 = new HashMap<String,
    Integer>();
    number4.put("number", 150);
    numbers.add(number4);
```

```
    Map<String, Integer> number5 = new HashMap<String,
    Integer>();
    number5.put("number", 78);
    numbers.add(number5);
  }

}
```

Resultado por pantalla

```
[{number=150}, {number=78}, {number=29}]
```

Solución

```
package functions;

import java.util.ArrayList;
import java.util.HashMap;
import java.util.List;
import java.util.Map;
import java.util.stream.Collectors;

public class Exercise9 {

  public static List<Map<String, Integer>> top3(List<Map<
    String, Integer>> numbers) {
    List<Map<String, Integer>> sorted = numbers.stream().
    sorted(
        (Map<String, Integer> e1, Map<String, Integer> e2)
     -> e2.get("number").compareTo(e1.get("number")))
        .collect(Collectors.toList());

    List<Map<String, Integer>> top3 = sorted.subList(0, 3)
    ;

    return top3;
```

```
    }

    public static void main(String[] args) {
        List<Map<String, Integer>> numbers = new ArrayList<Map
        <String, Integer>>();

        Map<String, Integer> number1 = new HashMap<String,
        Integer>();
        number1.put("number", 15);
        numbers.add(number1);

        Map<String, Integer> number2 = new HashMap<String,
        Integer>();
        number2.put("number", 29);
        numbers.add(number2);

        Map<String, Integer> number3 = new HashMap<String,
        Integer>();
        number3.put("number", 1);
        numbers.add(number3);

        Map<String, Integer> number4 = new HashMap<String,
        Integer>();
        number4.put("number", 150);
        numbers.add(number4);

        Map<String, Integer> number5 = new HashMap<String,
        Integer>();
        number5.put("number", 78);
        numbers.add(number5);

        System.out.println(top3(numbers));
    }

}
```

10.10. Ejercicio 10

Escribe una función llamada *filter_by_age* que reciba una lista de personas y una edad. La función devolverá una lista con aquellas personas que tienen menos edad que la edad pasada por parámetros. Utilice el siguiente código para generar dicha función:

```
package functions;

import java.util.ArrayList;
import java.util.HashMap;
import java.util.List;
import java.util.Map;
import java.util.stream.Collectors;

public class Exercise10 {

  public static void main(String[] args) {
    List<Map<String, Object>> people = new ArrayList<>();

    Map<String, Object> person1 = new HashMap<String,
    Object>();
    person1.put("name", "Alejandro");
    person1.put("age", 34);
    people.add(person1);

    Map<String, Object> person2 = new HashMap<String,
    Object>();
    person2.put("name", "David");
    person2.put("age", 31);
    people.add(person2);

    Map<String, Object> person3 = new HashMap<String,
    Object>();
    person3.put("name", "Steve");
    person3.put("age", 50);
    people.add(person3);
  }
```

```
}
```

Resultado por pantalla

```
[{name=Alejandro, age=34}, {name=David, age=31}]
```

Solución

```
package functions;

import java.util.ArrayList;
import java.util.HashMap;
import java.util.List;
import java.util.Map;
import java.util.stream.Collectors;

public class Exercise10 {

  public static List<Map<String, Object>> filter_by_age(
    List<Map<String, Object>> people, Integer age) {
    return people.stream().filter((Map<String, Object> e1)
     -> (Integer) e1.get("age") < age)
        .collect(Collectors.toList());
  }

  public static void main(String[] args) {
    List<Map<String, Object>> people = new ArrayList<>();

    Map<String, Object> person1 = new HashMap<String,
    Object>();
    person1.put("name", "Alejandro");
    person1.put("age", 34);
    people.add(person1);

    Map<String, Object> person2 = new HashMap<String,
    Object>();
```

```
    person2.put("name", "David");
    person2.put("age", 31);
    people.add(person2);

    Map<String, Object> person3 = new HashMap<String,
    Object>();
    person3.put("name", "Steve");
    person3.put("age", 50);
    people.add(person3);

    System.out.println(filter_by_age(people, 40));
  }

}
```

10.11. Ejercicio 11

Escribe una función llamada *fibonacci* que reciba un número *limit* como parámetro de entrada y calcule la serie de Fibonacci. La función mostrará los términos hasta el número dado por el parámetro *limit*.

Resultado por pantalla

```
0 1 1 2 3 5 8 13
```

Solución

```
package functions;

public class Exercise11 {

  public static void fibonacci(Integer limit) {
    Integer number1 = 0;
    Integer number2 = 1;

    for (int i = 0; i < limit; i++) {
      System.out.print(String.format("%d ", number1));
      Integer result = number1 + number2;
      number1 = number2;
      number2 = result;
    }
  }

  public static void main(String[] args) {
    fibonacci(8);
  }

}
```

10.12. Ejercicio 12

Escribe una función llamada *check_element* que compruebe si un elemento de tipo entero se encuentra dentro de una lista de números enteros. Si el elemento se encuentra dentro de la lista, la función devolverá *True*. En caso contrario, la función devolverá *False*.

Resultado por pantalla

```
¿Está 4 en la lista [15, 68, 78, 12]? - Respuesta: false
```

Solución

```
package functions;

import java.util.Arrays;
import java.util.List;

public class Exercise12 {

  public static Boolean check_element(List<Integer>
    numbers, Integer number) {
    return numbers.contains(number);
  }

  public static void main(String[] args) {
    List<Integer> numbers = Arrays.asList(15, 68, 78, 12);
    Integer number = 4;
    Boolean result = check_element(numbers, number);

    System.out.println(String.format("¿Está %d en la lista
     %s? - Respuesta: %s", number, numbers, result));

  }
```

```
}
```

10.13. Ejercicio 13

Escribe una función que tome una lista y devuelva otra lista sin elementos repetidos.

Resultado por pantalla

```
Antes: [1, 1, 2, 2, 2, 3, 4, 5]
Después: [1, 2, 3, 4, 5]
```

Solución

```
package functions;

import java.util.ArrayList;
import java.util.Arrays;
import java.util.HashSet;
import java.util.List;
import java.util.Set;

public class Exercise13 {

  public static List<Integer> delete_duplicates(List<
    Integer> elements) {
    Set<Integer> withoutDuplicates = new HashSet<Integer>(
    elements);
    return new ArrayList<Integer>(withoutDuplicates);
  }

  public static void main(String[] args) {
    List<Integer> test = Arrays.asList(1, 1, 2, 2, 2, 3,
    4, 5);

    System.out.println(String.format("Antes: %s", test));
    System.out.println(String.format("Después: %s",
    delete_duplicates(test)));
```

```
    }
}
```

10.14. Ejercicio 14

Escribe una función que tome una palabra y devuelva la palabra del revés.

Nota: Debe utilizar algún recurso visto anteriormente en otros ejercicios.

Resultado por pantalla

```
Antes: Example
Después: elpmaxE
```

Solución

```
package functions;

public class Exercise14 {

  public static String reverse(String word) {
    String result = "";

    for (int i = word.length() - 1; i >= 0; i--) {
      result = result + word.charAt(i);
    }

    return result;
  }

  public static void main(String[] args) {
    String test = "Example";

    System.out.println(String.format("Antes: %s", test));
    System.out.println(String.format("Después: %s",
    reverse(test)));
  }
```

```
}
```

10.15. Ejercicio 15

Escribe una función que reciba una frase y devuelva el número total de vocales que tiene dicha frase.

Resultado por pantalla

```
La frase tiene 7 vocales
```

Solución

```
package functions;

public class Exercise15 {

  public static Integer count_vowels(String sentence) {
    Integer count = 0;
    String vowels = "aeiouAEIOU";

    for (int i = 0; i < sentence.length(); i++) {
      if (vowels.indexOf(sentence.charAt(i)) != -1) {
        count = count + 1;
      }
    }

    return count;
  }

  public static void main(String[] args) {
    String sentence = "Esto ES un ejemplo";

    System.out.println(String.format("La frase tiene %d
    vocales", count_vowels(sentence)));
  }

}
```

10.16. Ejercicio 16

Escribe una función llamada *show_person* que reciba tres argumentos: *name, surname, age*. El tercer argumento *age* tendrá el siguiente valor por defecto: *18*. La función devolverá algo como *Francisco Silva tiene 18 años* cuando no se especifica un tercer parámetro. En caso contrario, se mostrará la edad especificada.

Resultado por pantalla

```
Francisco Silva tiene 18 años
Francisco Silva tiene 31 años
```

Solución

```
package functions;

public class Exercise16 {

  public static String show_person(String name, String
    surname, Integer age) {
    if (age == null) {
      age = 18;
    }
    return String.format("%s %s tiene %d años", name,
    surname, age);
  }

  public static void main(String[] args) {
    System.out.println(show_person("Francisco", "Silva",
    null));
    System.out.println(show_person("Francisco", "Silva",
    31));
  }

}
```

10.17. Ejercicio 17

Escribe una función recursiva que calcule la suma desde 0 hasta *N*, siendo *N* un argumento de la función. Se dice que una función es recursiva cuando se llama a sí misma dentro del cuerpo de la función. Para el ejemplo se ha utilizado el valor *100*.

Resultado por pantalla

```
Resultado: 5050
```

Solución

```
package functions;

public class Exercise17 {

  public static Integer addition(Integer number) {
    if (number <= 1) {
      return number;
    }
    return number + addition(number - 1);
  }

  public static void main(String[] args) {
    Integer result = addition(100);
    System.out.println(String.format("Resultado: %s",
    result));
  }

}
```

10.18. Ejercicio 18

Escribe una función recursiva que calcule el factorial de un número N. Se dice que una función es recursiva cuando se llama a sí misma dentro del cuerpo de la función.

Resultado por pantalla

```
El factorial de 7 es 5040
```

Solución

```
package functions;

public class Exercise18 {

  public static Integer factorial(Integer number) {
    if (number == 0 || number == 1) {
      return 1;
    } else {
      return number * factorial(number - 1);
    }
  }

  public static void main(String[] args) {
    System.out.println(String.format("El factorial de 7 es
     %d", factorial(7)));
  }

}
```

10.19. Ejercicio 19

Escribe una función llamada *uppercase* que reciba una palabra y devuelva dicha palabra en mayúsculas.

Resultado por pantalla

```
Antes: Manzana
Después: MANZANA
```

Solución

```
package functions;

public class Exercise19 {

  public static String uppercase(String word) {
    return word.toUpperCase();
  }

  public static void main(String[] args) {
    String fruit = "Manzana";

    System.out.println(String.format("Antes: %s", fruit));
    System.out.println(String.format("Después: %s",
    uppercase(fruit)));
  }

}
```

10.20. Ejercicio 20

Escribe una función llamada *average* que calcule la media de una lista de números.

Resultado por pantalla

```
La media de [15, 65, 78] es 52.666667
```

Solución

```
package functions;

import java.util.Arrays;
import java.util.List;

public class Exercise20 {

  public static Double average(List<Integer> numbers) {
    return numbers.stream().reduce(0, (a, b) -> a + b) / (
    double) numbers.size();
  }

  public static void main(String[] args) {
    List<Integer> numbers = Arrays.asList(15, 65, 78);

    System.out.println(String.format("La media de %s es %f
    ", numbers, average(numbers)));
  }

}
```

11 Programación orientada a objetos

11.1. Ejercicio 1

Escribe una clase llamada *Person* que contenga tres atributos: *name, surname* y *age*.

Resultado por pantalla

```
Person [name=Marina, surname=Flores, age=33]
```

Solución - Clase

```
package classes;

public class Person {

  private String name;
  private String surname;
  private Integer age;

  public Person(String name, String surname, Integer age)
    {
    super();
    this.name = name;
    this.surname = surname;
    this.age = age;
  }
```

```
  public String toString() {
    return "Person [name=" + name + ", surname=" + surname
      + ", age=" + age + "]";
  }

}
```

Solución - Comprobando resultados

```
package classes;

public class Exercise1 {

  public static void main(String[] args) {
    Person person = new Person("Marina", "Flores", 33);

    System.out.println(person);
  }

}
```

11.2. Ejercicio 2

Escribe una clase llamada *PersonV2* que contenga tres atributos: *name, surname* y *age*. Además, se requiere que dicha clase permita modificar y consultar los valores de cada propiedad.

Resultado por pantalla

```
Nombre: Marina
Apellido: Flores
Edad: 33
------------------
Nombre: Marina
Apellido: Flores
Edad: 34
```

Solución - Clase

```
package classes;

public class PersonV2 {

  private String name;
  private String surname;
  private Integer age;

  public PersonV2(String name, String surname, Integer age
    ) {
    super();
    this.name = name;
    this.surname = surname;
    this.age = age;
  }

  public String getName() {
    return name;
```

```
  }

  public void setName(String name) {
    this.name = name;
  }

  public String getSurname() {
    return surname;
  }

  public void setSurname(String surname) {
    this.surname = surname;
  }

  public Integer getAge() {
    return age;
  }

  public void setAge(Integer age) {
    this.age = age;
  }

  public String toString() {
    return "Person [name=" + name + ", surname=" + surname
     + ", age=" + age + "]";
  }

}
```

Solución - Comprobando resultados

```
package classes;

public class Exercise2 {

  public static void main(String[] args) {
    PersonV2 person = new PersonV2("Marina", "Flores", 33)
    ;
```

```
        System.out.println(String.format("Nombre: %s", person.
        getName()));
        System.out.println(String.format("Apellido: %s",
        person.getSurname()));
        System.out.println(String.format("Edad: %d", person.
        getAge()));

        person.setAge(34);

        System.out.println("-----------------");

        System.out.println(String.format("Nombre: %s", person.
        getName()));
        System.out.println(String.format("Apellido: %s",
        person.getSurname()));
        System.out.println(String.format("Edad: %d", person.
        getAge()));
    }

}
```

11.3. Ejercicio 3

Escribe una clase llamada *PersonV3* basada en el ejercicio anterior y que contenga un segundo constructor que reciba únicamente dos parámetros: *name* y *surname*. El parámetro *age* por el contrario se inicializará a cero.

Resultado por pantalla

```
Nombre: Marina
Apellido: Flores
Edad: 0
```

Solución - Clase

```
package classes;

public class PersonV3 {

  private String name;
  private String surname;
  private Integer age;

  public PersonV3(String name, String surname, Integer age
    ) {
    super();
    this.name = name;
    this.surname = surname;
    this.age = age;
  }

  public PersonV3(String name, String surname) {
    super();
    this.name = name;
    this.surname = surname;
    this.age = 0;
```

```
  }

  public String getName() {
    return name;
  }

  public void setName(String name) {
    this.name = name;
  }

  public String getSurname() {
    return surname;
  }

  public void setSurname(String surname) {
    this.surname = surname;
  }

  public Integer getAge() {
    return age;
  }

  public void setAge(Integer age) {
    this.age = age;
  }

  public String toString() {
    return "Person [name=" + name + ", surname=" + surname
      + ", age=" + age + "]";
  }

}
```

Solución - Comprobando resultados

```
package classes;

public class Exercise3 {
```

```
    public static void main(String[] args) {
        PersonV3 person = new PersonV3("Marina", "Flores");

        System.out.println(String.format("Nombre: %s", person.
        getName()));
        System.out.println(String.format("Apellido: %s",
        person.getSurname()));
        System.out.println(String.format("Edad: %d", person.
        getAge()));
    }

}
```

11.4. Ejercicio 4

Escribe una clase llamada *PersonV4* basada en el ejercicio anterior. Esta clase tendrá adicionalmente una función que devolverá *true* si la persona es mayor de edad. En caso contrario, devolverá *false*.

Resultado por pantalla

```
Nombre: Marina
Apellido: Flores
Edad: 34
¿Es adulto?: true
```

Solución - Clase

```
package classes;

public class PersonV4 {

  private String name;
  private String surname;
  private Integer age;

  public PersonV4(String name, String surname, Integer age
    ) {
    super();
    this.name = name;
    this.surname = surname;
    this.age = age;
  }

  public PersonV4(String name, String surname) {
    super();
    this.name = name;
    this.surname = surname;
```

```
    this.age = 0;
  }

  public String getName() {
    return name;
  }

  public void setName(String name) {
    this.name = name;
  }

  public String getSurname() {
    return surname;
  }

  public void setSurname(String surname) {
    this.surname = surname;
  }

  public Integer getAge() {
    return age;
  }

  public void setAge(Integer age) {
    this.age = age;
  }

  public Boolean isAdult() {
    return this.age >= 18;
  }

  public String toString() {
    return "Person [name=" + name + ", surname=" + surname
      + ", age=" + age + "]";
  }

}
```

Solución - Comprobando resultados

```
package classes;

public class Exercise4 {

  public static void main(String[] args) {
    PersonV4 person = new PersonV4("Marina", "Flores", 34)
    ;

    System.out.println(String.format("Nombre: %s", person.
    getName()));
    System.out.println(String.format("Apellido: %s",
    person.getSurname()));
    System.out.println(String.format("Edad: %d", person.
    getAge()));
    System.out.println(String.format("¿Es adulto?: %b",
    person.isAdult()));
  }

}
```

11.5. Ejercicio 5

Escribe una clase llamada *Rectangle* que tenga una función para calcular el área del rectángulo. La clase tendrá los siguientes atributos: *length* y *width*.

Resultado por pantalla

```
Longitud: 10
Ancho: 5
Area: 50
```

Solución - Clase

```
package classes;

public class Rectangle {

  private Integer length;
  private Integer width;

  public Rectangle(Integer length, Integer width) {
    super();
    this.length = length;
    this.width = width;
  }

  public Integer getLength() {
    return length;
  }

  public void setLength(Integer length) {
    this.length = length;
  }

  public Integer getWidth() {
```

```
        return width;
    }

    public void setWidth(Integer width) {
        this.width = width;
    }

    public Integer getArea() {
        return this.length * this.width;
    }

    public String toString() {
        return "Rectangle [length=" + length + ", width=" +
        width + "]";
    }

}
```

Solución - Comprobando resultados

```
package classes;

public class Exercise5 {

    public static void main(String[] args) {
        Rectangle rectangle = new Rectangle(10, 5);

        System.out.println(String.format("Longitud: %d",
        rectangle.getLength()));
        System.out.println(String.format("Ancho: %d",
        rectangle.getWidth()));
        System.out.println(String.format("Area: %d", rectangle
        .getArea()));
    }

}
```

11.6. Ejercicio 6

Escribe una clase llamada *Circle* que tenga dos funciones para calcular el área del círculo y su perímetro. La clase tendrá el siguiente atributo *radius*.

Resultado por pantalla

```
Radio: 2.00
Area: 12.56
Perimetro: 12.56
```

Solución - Clase

```
package classes;

public class Circle {

  private Double radius;

  public Circle(Double radius) {
    super();
    this.radius = radius;
  }

  public Double getRadius() {
    return radius;
  }

  public void setRadius(Double radius) {
    this.radius = radius;
  }

  public Double getArea() {
    return this.radius * this.radius * 3.14;
  }
```

```
  public Double getPerimeter() {
    return 2 * this.radius * 3.14;
  }

  public String toString() {
    return "Circle [radius=" + radius + "]";
  }

}
```

Solución - Comprobando resultados

```
package classes;

public class Exercise6 {

  public static void main(String[] args) {
    Circle circle = new Circle(2.);

    System.out.println(String.format("Radio: %.2f", circle
    .getRadius()));
    System.out.println(String.format("Area: %.2f", circle.
    getArea()));
    System.out.println(String.format("Perimetro: %.2f",
    circle.getPerimeter()));
  }

}
```

11.7. Ejercicio 7

Escribe una clase llamada *Square* que tenga una función para calcular el área del cuadrado. La clase tendrá el siguiente atributo *side*.

Resultado por pantalla

```
Lado: 15
Area: 225
```

Solución - Clase

```
package classes;

public class Square {

  private Integer side;

  public Square(Integer side) {
    super();
    this.side = side;
  }

  public Integer getSide() {
    return side;
  }

  public void setSide(Integer side) {
    this.side = side;
  }

  public Integer getArea() {
    return this.side * this.side;
  }

```

```
  public String toString() {
    return "Square [side=" + side + "]";
  }

}
```

Solución - Comprobando resultados

```
package classes;

public class Exercise7 {

  public static void main(String[] args) {
    Square square = new Square(15);

    System.out.println(String.format("Lado: %d", square.
    getSide()));
    System.out.println(String.format("Area: %d", square.
    getArea()));
  }

}
```

11.8. Ejercicio 8

Escribe una clase llamada *Vehicle* que reciba tres propiedades: *name, color* y *capacity*. Además, esta clase posee una función llamada *getShowDetails* que devuelve un mensaje con la información de cada atributo tal y como aparece en *Resultado por pantalla*.

Resultado por pantalla

```
Nombre: Prueba, Color: Rojo, Capacidad: 2
```

Solución - Clase

```
package classes;

public class Vehicle {

  private String name;
  private String color;
  private Integer capacity;

  public Vehicle(String name, String color, Integer
    capacity) {
    super();
    this.name = name;
    this.color = color;
    this.capacity = capacity;
  }

  public String getName() {
    return name;
  }

  public void setName(String name) {
    this.name = name;
```

```
  }

  public String getColor() {
    return color;
  }

  public void setColor(String color) {
    this.color = color;
  }

  public Integer getCapacity() {
    return capacity;
  }

  public void setCapacity(Integer capacity) {
    this.capacity = capacity;
  }

  public String getShowDetails() {
    return String.format("Nombre: %s, Color: %s, Capacidad
    : %d", this.name, this.color, this.capacity);
  }

}
```

Solución - Comprobando resultados

```
package classes;

public class Exercise8 {

  public static void main(String[] args) {
    Vehicle vehicle = new Vehicle("Prueba", "Rojo", 2);

    System.out.println(vehicle.getShowDetails());
  }

}
```

11.9. Ejercicio 9

Escribe una clase llamada *Car* que herede de la clase anterior *Vehicle*. Esta clase deberá tener un atributo adicional llamado *model*.

Resultado por pantalla

```
Nombre: Prueba
Color: Rojo
Capacidad: 2
Model: Modelo
```

Solución - Clase

```
package classes;

public class Car extends Vehicle {

  private String model;

  public Car(String name, String color, Integer capacity,
    String model) {
    super(name, color, capacity);
    this.model = model;
  }

  public String getModel() {
    return model;
  }

  public void setModel(String model) {
    this.model = model;
  }

  public String toString() {
```

```
    return "Car [model=" + model + "]";
  }

}
```

Solución - Comprobando resultados

```
package classes;

public class Exercise9 {

  public static void main(String[] args) {
    Car car = new Car("Prueba", "Rojo", 2, "Modelo");

    System.out.println(String.format("Nombre: %s", car.
    getName()));
    System.out.println(String.format("Color: %s", car.
    getColor()));
    System.out.println(String.format("Capacidad: %d", car.
    getCapacity()));
    System.out.println(String.format("Model: %s", car.
    getModel()));
  }

}
```

11.10. Ejercicio 10

Escribe una clase llamada *Calculator* que reciba dos propiedades: *operand1* y *operand2*. Esta clase posee dos funciones: *addition* y *subtraction* encargadas de realizar la suma y la resta respectivamente.

Resultado por pantalla

```
Suma: 13
Resta: 1
```

Solución - Clase

```
package classes;

public class Calculator {

  private Integer operand1;
  private Integer operand2;

  public Calculator(Integer operand1, Integer operand2) {
    super();
    this.operand1 = operand1;
    this.operand2 = operand2;
  }

  public Integer addition() {
    return this.operand1 + this.operand2;
  }

  public Integer subtraction() {
    return this.operand1 - this.operand2;
  }

}
```

Solución - Comprobando resultados

```
package classes;

public class Exercise10 {

  public static void main(String[] args) {
    Calculator calculator = new Calculator(7, 6);

    System.out.println(String.format("Suma: %d",
    calculator.addition()));
    System.out.println(String.format("Resta: %d",
    calculator.subtraction()));
  }

}
```

11.11. Ejercicio 11

Escribe una clase llamada *Reminder* que tenga una propiedad interna que sea una lista vacía llamada *tasks*. La clase dispondrá de dos funciones: una función llamada *addTask* que añadirá una tarea a dicha lista y otra función *showTasks* para mostrar los elementos de dicha lista.

Resultado por pantalla

```
Tareas: [Escuchar música, Estudiar programación]
```

Solución - Clase

```java
package classes;

import java.util.ArrayList;
import java.util.List;

public class Reminder {

  private List<String> tasks;

  public Reminder() {
    super();
    this.tasks = new ArrayList<String>();
  }

  public void addTask(String task) {
    this.tasks.add(task);
  }

  public void showTasks() {
    System.out.println(String.format("Tareas: %s", this.
    tasks));
  }
```

```
}
```

Solución - Comprobando resultados

```
package classes;

public class Exercise11 {

  public static void main(String[] args) {
    Reminder reminder = new Reminder();

    reminder.addTask("Escuchar música");
    reminder.addTask("Estudiar programación");

    reminder.showTasks();
  }

}
```

11.12. Ejercicio 12

Escribe una clase llamada *ShoppingBasket* que tenga una propiedad interna que sea una lista vacía llamada *items*. La clase dispondrá de dos funciones: una función llamada *addItem* que añadirá un artículo de la compra a la lista *items* y otra función *showItems* para mostrar los artículos de la compra tal y como aparecen en *Resultado por pantalla*.

Resultado por pantalla

```
Cesta:
- Manzana
- Leche
- Agua
```

Solución - Clase

```
package classes;

import java.util.ArrayList;
import java.util.List;

public class ShoppingBasket {

  private List<String> items;

  public ShoppingBasket() {
    super();
    this.items = new ArrayList<String>();
  }

  public List<String> getItems() {
    return items;
  }
```

```
  public void addItem(String item) {
    this.items.add(item);
  }

  public void showItems() {
    System.out.println("Cesta:");
    for (String item : this.items) {
      System.out.println(String.format("- %s", item));
    }
  }

}
```

Solución - Comprobando resultados

```
package classes;

public class Exercise12 {

  public static void main(String[] args) {
    ShoppingBasket shoppingBasket = new ShoppingBasket();

    shoppingBasket.addItem("Manzana");
    shoppingBasket.addItem("Leche");
    shoppingBasket.addItem("Agua");

    shoppingBasket.showItems();
  }

}
```

11.13. Ejercicio 13

Escribe un programa que pregunte a un usuario las cosas que necesita para hacer la lista de la compra. El programa finalizará cuando el usuario introduzca la siguiente palabra: *fin*. Tenga en cuenta que deberá de utilizar la clase *ShoppingBasket* implementada anteriormente.

Resultado por pantalla

```
¿Qué necesita? Manzana
¿Qué necesita? Agua
¿Qué necesita? fin
Cesta:
- Manzana
- Agua
```

Solución

```
package classes;

import java.util.Scanner;

public class Exercise13 {

  public static void main(String[] args) {
    Scanner scanner = new Scanner(System.in);
    ShoppingBasket shoppingBasket = new ShoppingBasket();
    String answer = "";

    do {

      System.out.print("¿Qué necesita? ");
      answer = scanner.nextLine();

      if (!answer.equals("fin")) {
```

```
            shoppingBasket.addItem(answer);
        }

    } while (!answer.equals("fin"));

    shoppingBasket.showItems();

    scanner.close();
  }

}
```

11.14. Ejercicio 14

Escribe una clase llamada *ShoppingBasketV2* que herede de *ShoppingBasket*. Esta nueva clase tendrá una función llamada *removeItem* que eliminará un elemento especifico de la cesta en función del parámetro recibido.

Resultado por pantalla

```
Cesta:
- Manzana
- Leche
- Agua
--------
Quitamos la leche
Cesta:
- Manzana
- Agua
```

Solución - Clase

```
package classes;

public class ShoppingBasketV2 extends ShoppingBasket {

  public ShoppingBasketV2() {
    super();
  }

  public void removeItem(String item) {
    if (this.getItems().contains(item)) {
      this.getItems().remove(item);
    }
  }
}
```

Solución - Comprobando resultados

```
package classes;

public class Exercise14 {

  public static void main(String[] args) {
    ShoppingBasketV2 shoppingBasketV2 = new
    ShoppingBasketV2();

    shoppingBasketV2.addItem("Manzana");
    shoppingBasketV2.addItem("Leche");
    shoppingBasketV2.addItem("Agua");
    shoppingBasketV2.showItems();

    System.out.println("--------");
    System.out.println("Quitamos la leche");

    shoppingBasketV2.removeItem("Leche");
    shoppingBasketV2.showItems();
  }

}
```

11.15. Ejercicio 15

Escribe una clase llamada *Album* que contenga dos atributos: *name* de tipo *String* y *songs* de tipo *List<String>*. Esta clase tendrá un único constructor donde se le pasará únicamente el nombre del álbum. Por otro lado, el atributo *songs* se inicializará como una lista vacía.

Resultado por pantalla

```
Album [name=Mi Album Favorito, songs=[]]
```

Solución - Clase

```
package classes;

import java.util.ArrayList;
import java.util.List;

public class Album {

  private String name;
  private List<String> songs;

  public Album(String name) {
    super();
    this.name = name;
    this.songs = new ArrayList<String>();
  }

  public String toString() {
    return "Album [name=" + name + ", songs=" + songs + "]
    ";
  }

}
```

Solución - Comprobando resultados

```
package classes;

public class Exercise15 {

  public static void main(String[] args) {
    Album album = new Album("Mi Album Favorito");

    System.out.println(album);
  }

}
```

11.16. Ejercicio 16

Añade a la clase *Album* dos funciones para añadir y eliminar canciones de la lista *songs*.

Resultado por pantalla

```
Album [name=Mi Album Favorito, songs=[Canción 1, Canción
    2]]
Album [name=Mi Album Favorito, songs=[Canción 2]]
```

Solución - Clase

```java
package classes;

import java.util.ArrayList;
import java.util.List;

public class Album {

  private String name;
  private List<String> songs;

  public Album(String name) {
    super();
    this.name = name;
    this.songs = new ArrayList<String>();
  }

  public void addSong(String song) {
    this.songs.add(song);
  }

  public void removeSong(String song) {
    if (this.songs.contains(song)) {
      this.songs.remove(song);
```

```
    }
  }

  public String toString() {
    return "Album [name=" + name + ", songs=" + songs + "]
    ";
  }

}
```

Solución - Comprobando resultados

```
package classes;

public class Exercise16 {

  public static void main(String[] args) {
    Album album = new Album("Mi Album Favorito");

    // Añadimos dos canciones
    album.addSong("Canción 1");
    album.addSong("Canción 2");

    // Mostramos el album y sus canciones
    System.out.println(album);

    // Eliminamos una canción
    album.removeSong("Canción 1");

    // Mostramos el album y sus canciones
    System.out.println(album);
  }

}
```

11.17. Ejercicio 17

Añade a la clase *Album* una función que devuelva la lista de canciones ordenadas por orden alfabético ascendente.

Nota: Debe utilizar Stream para este ejercicio.

Resultado por pantalla

```
Album [name=Mi Album Favorito, songs=[Mi canción favorita,
    Otra canción, Canción famosa]]
[Canción famosa, Mi canción favorita, Otra canción]
```

Solución - Clase

```
package classes;

import java.util.ArrayList;
import java.util.List;
import java.util.stream.Collectors;

public class Album {

  private String name;
  private List<String> songs;

  public Album(String name) {
    super();
    this.name = name;
    this.songs = new ArrayList<String>();
  }

  public void addSong(String song) {
    this.songs.add(song);
  }

```

```
  public void removeSong(String song) {
    if (this.songs.contains(song)) {
      this.songs.remove(song);
    }
  }

  public List<String> getSongsSorted() {
    return this.songs.stream().sorted((a, b) -> a.
    compareTo(b)).collect(Collectors.toList());
  }

  public String toString() {
    return "Album [name=" + name + ", songs=" + songs + "]
    ";
  }

}
```

Solución - Comprobando resultados

```
package classes;

public class Exercise17 {

  public static void main(String[] args) {
    Album album = new Album("Mi Album Favorito");

    // Añadimos tres canciones
    album.addSong("Mi canción favorita");
    album.addSong("Otra canción");
    album.addSong("Canción famosa");

    // Mostramos el album y sus canciones
    System.out.println(album);

    // Mostramos el album y sus canciones ordenadas
    System.out.println(album.getSongsSorted());
  }
```

```
}
```

11.18. Ejercicio 18

Añade a la clase *Album* una función que represente la información tal y como aparece en *Resultado por pantalla*.

Resultado por pantalla

```
***** Mi Album Favorito *****

  - Mi canción favorita
  - Otra canción
  - Canción famosa
```

Solución - Clase

```
package classes;

import java.util.ArrayList;
import java.util.List;
import java.util.stream.Collectors;

public class Album {

  private String name;
  private List<String> songs;

  public Album(String name) {
    super();
    this.name = name;
    this.songs = new ArrayList<String>();
  }

  public void addSong(String song) {
    this.songs.add(song);
  }
```

```
  public void removeSong(String song) {
    if (this.songs.contains(song)) {
      this.songs.remove(song);
    }
  }

  public List<String> getSongsSorted() {
    return this.songs.stream().sorted((a, b) -> a.
    compareTo(b)).collect(Collectors.toList());
  }

  public void showAlbum() {
    System.out.println(String.format("***** %s *****\n",
    this.name));

    for (String song : this.songs) {
      System.out.println(String.format("\t- %s", song));
    }
  }

  public String toString() {
    return "Album [name=" + name + ", songs=" + songs + "]
    ";
  }

}
```

Solución - Comprobando resultados

```
package classes;

public class Exercise18 {

  public static void main(String[] args) {
    Album album = new Album("Mi Album Favorito");

    // Añadimos tres canciones
    album.addSong("Mi canción favorita");
```

```
        album.addSong("Otra canción");
        album.addSong("Canción famosa");

        // Mostramos el album y sus canciones
        album.showAlbum();
    }

}
```

11.19. Ejercicio 19

Añade a la clase *Album* una función que devuelva la canción con el nombre más largo de todo el álbum.

Nota: Debe utilizar Stream para este ejercicio.

Resultado por pantalla

```
Mi canción favorita
```

Solución - Clase

```
package classes;

import java.util.ArrayList;
import java.util.Comparator;
import java.util.List;
import java.util.stream.Collectors;

public class Album {

  private String name;
  private List<String> songs;

  public Album(String name) {
    super();
    this.name = name;
    this.songs = new ArrayList<String>();
  }

  public void addSong(String song) {
    this.songs.add(song);
  }

  public void removeSong(String song) {
```

```
    if (this.songs.contains(song)) {
      this.songs.remove(song);
    }
  }

  public List<String> getSongsSorted() {
    return this.songs.stream().sorted((a, b) -> a.
    compareTo(b)).collect(Collectors.toList());
  }

  public void showAlbum() {
    System.out.println(String.format("***** %s *****\n",
    this.name));

    for (String song : this.songs) {
      System.out.println(String.format("\t- %s", song));
    }
  }

  public String getSongWithMaxTitle() {
    return this.songs.stream().max(Comparator.comparingInt
    (String::length)).get();
  }

  public String toString() {
    return "Album [name=" + name + ", songs=" + songs + "]
    ";
  }

}
```

Solución - Comprobando resultados

```
package classes;

public class Exercise19 {

  public static void main(String[] args) {
```

```
        Album album = new Album("Mi Album Favorito");

        // Añadimos tres canciones
        album.addSong("Mi canción favorita");
        album.addSong("Otra canción");
        album.addSong("Canción famosa");

        // Mostramos la canción que tiene el título más largo
        System.out.println(album.getSongWithMaxTitle());
    }

}
```

11.20. Ejercicio 20

Añade a la clase *Album* una función que devuelva la lista de canciones con todos los títulos en minúscula.

Nota: Debe utilizar Stream para este ejercicio.

Resultado por pantalla

```
[mi canción favorita , otra canción, canción famosa]
```

Solución - Clase

```
package classes;

import java.util.ArrayList;
import java.util.Comparator;
import java.util.List;
import java.util.stream.Collectors;

public class Album {

  private String name;
  private List<String> songs;

  public Album(String name) {
    super();
    this.name = name;
    this.songs = new ArrayList<String>();
  }

  public void addSong(String song) {
    this.songs.add(song);
  }

  public void removeSong(String song) {
```

```
    if (this.songs.contains(song)) {
      this.songs.remove(song);
    }
  }

  public List<String> getSongsSorted() {
    return this.songs.stream().sorted((a, b) -> a.
    compareTo(b)).collect(Collectors.toList());
  }

  public void showAlbum() {
    System.out.println(String.format("***** %s *****\n",
    this.name));

    for (String song : this.songs) {
      System.out.println(String.format("\t- %s", song));
    }
  }

  public String getSongWithMaxTitle() {
    return this.songs.stream().max(Comparator.comparingInt
    (String::length)).get();
  }

  public List<String> getSongsLowercase() {
    return this.songs.stream().map(a -> a.toLowerCase()).
    collect(Collectors.toList());
  }

  public String toString() {
    return "Album [name=" + name + ", songs=" + songs + "]
    ";
  }

}
```

Solución - Comprobando resultados

```
package classes;

public class Exercise20 {

  public static void main(String[] args) {
    Album album = new Album("Mi Album Favorito");

    // Añadimos tres canciones
    album.addSong("Mi canción favorita");
    album.addSong("Otra canción");
    album.addSong("Canción famosa");

    // Mostramos las canciones en minúscula
    System.out.println(album.getSongsLowercase());
  }

}
```

12 Procesamiento de ficheros

12.1. Ejercicio 1

Escribe un programa que cree un fichero de texto con el siguiente nombre: *important.txt*. El fichero de texto debe estar vacío y se deberá comprobar si el fichero ya existe o no.

Nota: Si no especifica ninguna ruta, los ficheros se crean por defecto en la raíz de tu proyecto Java que se encuentra a la altura de la carpeta src.

Resultado por pantalla

```
Fichero creado: important.txt
```

Solución

```
package files;

import java.io.File;
import java.io.IOException;

public class Exercise1 {

  public static void main(String[] args) {
    File file = new File("important.txt");

    try {
```

```
      if (file.createNewFile()) {
        System.out.println(String.format("Fichero creado:
    %s", file.getName()));
      } else {
        System.out.println("El fichero ya existe");
      }
    } catch (IOException e) {
      System.out.println("Ocurrió un error");
      e.printStackTrace();
    }
  }

}
```

12.2. Ejercicio 2

Escribe un programa que cree un fichero de texto con el siguiente nombre: *notes.txt*. Añade algunas notas dentro del fichero utilizando *FileWriter*.

Nota: Si no especifica ninguna ruta, los ficheros se crean por defecto en la raíz de tu proyecto Java que se encuentra a la altura de la carpeta src.

Resultado

Para comprobar que se ha creado correctamente el fichero y se han añadido notas al mismo, deberá dirigirse a la carpeta raíz de su proyecto Java. Si por el contrario, se ha especificado una ruta concreta deberá dirigirse allí.

Si el código se ha ejecutado correctamente, debería ver las notas tal y como se han indicado en el código.

Solución

```
package files;

import java.io.File;
import java.io.FileWriter;
import java.io.IOException;

public class Exercise2 {

  public static void main(String[] args) {
    File file = new File("notes.txt");

    try {
      FileWriter fileWriter = new FileWriter(file);
```

```
      fileWriter.write("Mi primera nota\n");
      fileWriter.write("Mi segunda nota\n");
      fileWriter.close();
    } catch (IOException e) {
      System.out.println("Ocurrió un error");
      e.printStackTrace();
    }
  }

}
```

12.3. Ejercicio 3

Escribe un programa que borre los ficheros de texto que se han creado anteriormente: *important.txt* y *notes.txt*.

Resultado por pantalla

```
Fichero important.txt borrado correctamente
Fichero notes.txt borrado correctamente
```

Solución

```
package files;

import java.io.File;

public class Exercise3 {

  public static void main(String[] args) {
    File file1 = new File("important.txt");
    File file2 = new File("notes.txt");

    if (file1.delete()) {
      System.out.println("Fichero important.txt borrado
    correctamente");
    } else {
      System.out.println("El fichero important.txt no se
    ha borrado");
    }

    if (file2.delete()) {
      System.out.println("Fichero notes.txt borrado
    correctamente");
    } else {
      System.out.println("El fichero notes.txt no se ha
    borrado");
```

```
        }
    }

}
```

12.4. Ejercicio 4

Escribe un programa que lea un fichero de texto con el siguiente nombre: *cities.txt*. Tenga en cuenta que deberá crear dicho fichero en la raíz de tu proyecto Java a la altura de la carpeta *src*.

Además, dicho fichero tendrá varias ciudades con saltos de línea como se puede observar en el siguiente ejemplo.

```
Madrid
Barcelona
Sevilla
```

Por último, cada ciudad deberá mostrarse con el siguiente formato: *Ciudad: X.*

Resultado por pantalla

```
Ciudad: Madrid
Ciudad: Barcelona
Ciudad: Sevilla
```

Solución

```
package files;

import java.io.File;
import java.io.FileNotFoundException;
import java.util.Scanner;

public class Exercise4 {
```

```
  public static void main(String[] args) {
    try {
      File file = new File("cities.txt");
      Scanner scanner = new Scanner(file);

      while (scanner.hasNextLine()) {
        String data = scanner.nextLine();
        System.out.println(String.format("Ciudad: %s",
    data));
      }

      scanner.close();
    } catch (FileNotFoundException e) {
      System.out.println("Ocurrió un error");
      e.printStackTrace();
    }
  }

}
```

12.5. Ejercicio 5

Escribe un programa que lea el fichero *cities.txt* del ejercicio anterior y almacene todas las ciudades en una lista.

Resultado por pantalla

```
[Madrid, Barcelona, Sevilla]
```

Solución

```
package files;

import java.io.File;
import java.io.FileNotFoundException;
import java.util.ArrayList;
import java.util.List;
import java.util.Scanner;

public class Exercise5 {

  public static void main(String[] args) {
    try {
      File file = new File("cities.txt");
      Scanner scanner = new Scanner(file);
      List<String> cities = new ArrayList<String>();

      while (scanner.hasNextLine()) {
        String city = scanner.nextLine();
        cities.add(city);
      }

      scanner.close();

      System.out.println(cities);
    } catch (FileNotFoundException e) {
```

```
        System.out.println("Ocurrió un error");
        e.printStackTrace();
      }

    }

}
```

12.6. Ejercicio 6

Escribe un programa que lea el fichero *cities.txt* del ejercicio 4 y genere otro fichero *cities_ordered.txt* que contenga las ciudades ordenadas en orden ascendente.

Fichero *cities_ordered.txt*

```
Barcelona
Madrid
Sevilla
```

Solución

```java
package files;

import java.io.File;
import java.io.FileNotFoundException;
import java.io.FileWriter;
import java.io.IOException;
import java.util.ArrayList;
import java.util.List;
import java.util.Scanner;
import java.util.stream.Collectors;

public class Exercise6 {

  public static void main(String[] args) {
    try {
      File file = new File("cities.txt");
      Scanner scanner = new Scanner(file);
      List<String> cities = new ArrayList<String>();

      while (scanner.hasNextLine()) {
        String city = scanner.nextLine();
        cities.add(city);
```

```
      }

      scanner.close();

      File fileCitiesOrdered = new File("cities_ordered.
    txt");
      FileWriter fileWriter = new FileWriter(
    fileCitiesOrdered);
      List<String> citiesOrdered = cities.stream().sorted
    ((a, b) -> a.compareTo(b)).collect(Collectors.toList()
    );

      for (String city : citiesOrdered) {
        fileWriter.write(String.format("%s\n", city));
      }

      fileWriter.close();

    } catch (FileNotFoundException e) {
      System.out.println("Ocurrió un error");
      e.printStackTrace();
    } catch (IOException e) {
      System.out.println("Ocurrió un error");
      e.printStackTrace();
    }

  }

}
```

12.7. Ejercicio 7

Escribe un programa que guarde la tabla de multiplicar del 2 en un fichero de texto *multiplication_table.txt*.

Fichero *multiplication_table.txt*

```
2 x 1 = 2
2 x 2 = 4
2 x 3 = 6
2 x 4 = 8
2 x 5 = 10
2 x 6 = 12
2 x 7 = 14
2 x 8 = 16
2 x 9 = 18
2 x 10 = 20
```

Solución

```
package files;

import java.io.File;
import java.io.FileWriter;
import java.io.IOException;

public class Exercise7 {

  public static void main(String[] args) {
    File file = new File("multiplication_table.txt");
    try {
      FileWriter fileWriter = new FileWriter(file);

      for (int i = 1; i <= 10; i++) {
        fileWriter.write(String.format("%d x %d = %d\n",
    2, i, i * 2));
```

```
        }
        fileWriter.close();
    } catch (IOException e) {
        System.out.println("Ocurrió un error");
        e.printStackTrace();
    }

  }

}
```

12.8. Ejercicio 8

¿Podrías averiguar el resultado sin ejecutar el siguiente código?

```
package files;

import java.io.File;
import java.io.FileWriter;

public class Exercise8 {

  public static void main(String[] args) {
    File file = new File("notes.txt");
    FileWriter fileWriter = new FileWriter(file);
    fileWriter.write("Mi primera nota\n");
    fileWriter.write("Mi segunda nota\n");
    fileWriter.close();
  }

}
```

Solución

El programa no podrá ser ejecutado porque no se están capturando las excepciones.

12.9. Ejercicio 9

Escribe un programa que escriba en un fichero de texto la siguiente figura:

```
1
22
333
4444
55555
666666
7777777
88888888
999999999
```

Solución

```
package files;

import java.io.File;
import java.io.FileWriter;
import java.io.IOException;

public class Exercise9 {

  public static void main(String[] args) {
    File file = new File("exercise9.txt");
    try {
      FileWriter fileWriter = new FileWriter(file);

      for (int i = 1; i <= 9; i++) {
        fileWriter.write(String.format("%s\n", String.
    valueOf(i).repeat(i)));
      }

      fileWriter.close();
    } catch (IOException e) {
      e.printStackTrace();
```

```
        }
    }

}
```

12.10. Ejercicio 10

Escribe un programa que escriba en un fichero de texto la siguiente figura:

```
999999999
88888888
7777777
666666
55555
4444
333
22
1
```

Solución

```
package files;

import java.io.File;
import java.io.FileWriter;
import java.io.IOException;

public class Exercise10 {

  public static void main(String[] args) {
    File file = new File("exercise10.txt");
    try {
      FileWriter fileWriter = new FileWriter(file);

      for (int i = 9; i != 0; i--) {
        fileWriter.write(String.format("%s\n", String.
    valueOf(i).repeat(i)));
      }

      fileWriter.close();
    } catch (IOException e) {
      e.printStackTrace();
```

```
        }
    }

}
```

12.11. Ejercicio 11

Escribe un programa que escriba en un fichero de texto la siguiente figura:

```
*****
*****
*****
*****
*****
```

Solución

```
package files;

import java.io.File;
import java.io.FileWriter;
import java.io.IOException;

public class Exercise11 {

  public static void main(String[] args) {
    File file = new File("exercise11.txt");
    try {
      FileWriter fileWriter = new FileWriter(file);

      for (int i = 1; i <= 5; i++) {
        fileWriter.write(String.format("%s\n", "*".repeat
    (5)));
      }

      fileWriter.close();
    } catch (IOException e) {
      e.printStackTrace();
    }
  }

}
```

12.12. Ejercicio 12

¿Podrías averiguar el resultado sin ejecutar el siguiente código?

```
package files;

import java.io.File;

public class Exercise12 {

  public static void main(String[] args) {
    File file = new File("exercise12.txt");
    System.out.println(file.getName());
  }

}
```

Solución

El programa imprimirá el nombre del fichero.

12.13. Ejercicio 13

¿Podrías averiguar el resultado sin ejecutar el siguiente código?

```
package files;

import java.io.File;

public class Exercise13 {

  public static void main(String[] args) {
    File file = new File("exercise13.txt");
    System.out.println(file.getAbsoluteFile());
  }

}
```

Solución

El programa imprimirá la ruta absoluta donde se encuentra el fichero.

12.14. Ejercicio 14

Escribe un programa que lea un fichero de texto con el siguiente nombre: *numbers.txt* y calcule la suma de todos sus números. Tenga en cuenta que deberá crear dicho fichero en la raíz de tu proyecto Java a la altura de la carpeta *src*.

Además, dicho fichero tendrá varios números con saltos de línea como se puede observar en el siguiente ejemplo.

```
15
36
99
10
```

Resultado por pantalla

```
Total: 160
```

Solución

```
package files;

import java.io.File;
import java.io.FileNotFoundException;
import java.util.Scanner;

public class Exercise14 {

  public static void main(String[] args) {
    try {
      File file = new File("numbers.txt");
      Scanner scanner = new Scanner(file);
      int total = 0;
```

```
      while (scanner.hasNextLine()) {
        int number = scanner.nextInt();
        total = total + number;
      }

      scanner.close();

      System.out.println(String.format("Total: %d", total)
    );
    } catch (FileNotFoundException e) {
      System.out.println("Ocurrió un error");
      e.printStackTrace();
    }
  }

}
```

12.15. Ejercicio 15

Escribe un programa que lea un fichero de texto con el siguiente nombre: *numbers.txt* y calcule el número más alto. Tenga en cuenta que deberá crear dicho fichero en la raíz de tu proyecto Java a la altura de la carpeta *src*.

Además, dicho fichero tendrá varios números con saltos de línea como se puede observar en el siguiente ejemplo.

```
15
36
99
10
```

Resultado por pantalla

```
Máximo: 99
```

Solución

```
package files;

import java.io.File;
import java.io.FileNotFoundException;
import java.util.Scanner;

public class Exercise15 {

  public static void main(String[] args) {
    try {
      File file = new File("numbers.txt");
      Scanner scanner = new Scanner(file);
      int max = scanner.nextInt();
```

```
      while (scanner.hasNextLine()) {
        int number = scanner.nextInt();
        if (number > max) {
          max = number;
        }
      }

      scanner.close();

      System.out.println(String.format("Máximo: %d", max))
    ;
    } catch (FileNotFoundException e) {
      System.out.println("Ocurrió un error");
      e.printStackTrace();
    }
  }

}
```

12.16. Ejercicio 16

Escribe un programa que lea un fichero de texto con el siguiente nombre: *numbers.txt* y calcule el número más pequeño. Tenga en cuenta que deberá crear dicho fichero en la raíz de tu proyecto Java a la altura de la carpeta *src*.

Además, dicho fichero tendrá varios números con saltos de línea como se puede observar en el siguiente ejemplo.

```
15
36
99
10
```

Resultado por pantalla

```
Mínimo: 10
```

Solución

```
package files;

import java.io.File;
import java.io.FileNotFoundException;
import java.util.Scanner;

public class Exercise16 {

  public static void main(String[] args) {
    try {
      File file = new File("numbers.txt");
      Scanner scanner = new Scanner(file);
      int min = scanner.nextInt();
```

```
      while (scanner.hasNextLine()) {
        int number = scanner.nextInt();
        if (number < min) {
          min = number;
        }
      }

      scanner.close();

      System.out.println(String.format("Mínimo: %d", min))
    ;
    } catch (FileNotFoundException e) {
      System.out.println("Ocurrió un error");
      e.printStackTrace();
    }
  }

}
```

12.17. Ejercicio 17

Escribe un programa que pregunte al usuario por su nombre y apellidos. Acto seguido, el programa creará un fichero de texto con el nombre de dicha persona y en su interior almacenará el apellido.

Resultado por pantalla

```
Introduce tu nombre: David
Introduce tu apellido: Fernández
```

Fichero *David.txt*

```
Apellido: Fernández
```

Solución

```
package files;

import java.io.File;
import java.io.FileNotFoundException;
import java.io.FileWriter;
import java.io.IOException;
import java.util.Scanner;

public class Exercise17 {

  public static void main(String[] args) {
    try {
      Scanner scanner = new Scanner(System.in);

      System.out.print("Introduce tu nombre: ");
      String name = scanner.nextLine();
```

```
      System.out.print("Introduce tu apellido: ");
      String surname = scanner.nextLine();

      File file = new File(String.format("%s.txt", name));
      FileWriter fileWriter = new FileWriter(file);
      fileWriter.write(String.format("Apellido: %s",
    surname));

      fileWriter.close();
      scanner.close();
    } catch (FileNotFoundException e) {
      System.out.println("Ocurrió un error");
      e.printStackTrace();
    } catch (IOException e) {
      System.out.println("Ocurrió un error");
      e.printStackTrace();
    }
  }

}
```

12.18. Ejercicio 18

Escribe un programa que escriba en un fichero de texto la siguiente figura:

```
*
***
*****
*******
*********
```

Solución

```
package files;

import java.io.File;
import java.io.FileWriter;
import java.io.IOException;

public class Exercise18 {

  public static void main(String[] args) {
    File file = new File("exercise18.txt");
    try {
      FileWriter fileWriter = new FileWriter(file);

      for (int i = 1; i <= 10; i++) {
        if (i % 2 != 0) {
          fileWriter.write(String.format("%s\n", "*".
    repeat(i)));
        }
      }

      fileWriter.close();
    } catch (IOException e) {
      e.printStackTrace();
    }
  }
```

```
}
```

12.19. Ejercicio 19

Escribe un programa que escriba en un fichero de texto la siguiente figura:

```
**
****
******
********
**********
```

Solución

```
package files;

import java.io.File;
import java.io.FileWriter;
import java.io.IOException;

public class Exercise19 {

  public static void main(String[] args) {
    File file = new File("exercise19.txt");
    try {
      FileWriter fileWriter = new FileWriter(file);

      for (int i = 1; i <= 10; i++) {
        if (i % 2 == 0) {
          fileWriter.write(String.format("%s\n", "*".
    repeat(i)));
        }
      }

      fileWriter.close();
    } catch (IOException e) {
      e.printStackTrace();
    }
  }
```

```
}
```

12.20. Ejercicio 20

Escribe un programa que escriba en un fichero de texto la siguiente figura:

```
*****
*   *
*   *
*   *
*****
```

Solución

```
package files;

import java.io.File;
import java.io.FileWriter;
import java.io.IOException;

public class Exercise20 {

  public static void main(String[] args) {
    File file = new File("exercise20.txt");
    try {
      FileWriter fileWriter = new FileWriter(file);

      for (int i = 1; i <= 5; i++) {
        if (i == 1 || i == 5) {
          fileWriter.write(String.format("%s\n", "*".
    repeat(5)));
        } else {
          fileWriter.write("*   *\n");
        }
      }

      fileWriter.close();
    } catch (IOException e) {
      e.printStackTrace();
```

```
        }
    }
}
```

Epílogo

Espero que haya disfrutado leyendo este libro tanto como yo lo he hecho escribéndolo para usted. Después de realizar cada uno de los ejercicios de los distintos capítulos, estará capacitado para profundizar sus conocimientos en Java sin ningún problema.

Bibliografía

[1] TIOBE. Tiobe index. https://www.tiobe.com/tiobe-index/, 2024. Accedido en Febrero de 2024.

[2] LinkedIn. Linkedin - portal de empleo. https://es.linkedin.com/jobs/, 2024. Accedido en Febrero de 2024.

[3] Kiwi Remoto. Rango salarial de un/a desarrollador/a java. https://www.kiwiremoto.com/sueldo/desarrollador-java/, 2024. Accedido en Febrero de 2024.

[4] Glassdor. Sueldo: Java developer en españa en 2024. https://www.glassdoor.es/Sueldos/java-developer-sueldo-SRCH_KO0,14.htm, 2024. Accedido en Febrero de 2024.

www.ingramcontent.com/pod-product-compliance
Lightning Source LLC
LaVergne TN
LVHW051221050326
832903LV00028B/2198

* 9 7 9 8 8 7 9 2 7 3 8 1 6 *